Einheitsstiftende

Herrlichkeit

Einheitsstiftende
Herrlichkeit

von
Ruth Ward Heflin

McDougal Publishing ist ein Dienst der McDougal
Foundation, Inc., eine gemeinnützige Organisation in Mary-
land, die sich der Verbreitung des Evangeliums des Herrn
Jesus Christus widmet, um in kürzester Zeit so viele Menschen wie möglich zu erreichen.

McDougal Publishing
P.O. Box 3595
Hagerstown, MD 21742-3595
www.mcdougalpublishing.com

ISBN 978-1-58158-105-8

Zur weltweiten Verbreitung verlegt.

*Die Herrlichkeit, die du mir gege-
ben hast, habe ich nun auch ihnen
gegeben,* DAMIT SIE EINS SIND, *so wie
wir eins sind.*   Johannes 17, 22

*Danach sah ich eine riesige Men-
schenmenge* AUS ALLEN STÄMMEN
UND VÖLKERN, MENSCHEN ALLER
SPRACHEN UND KULTUREN; ´es
waren so viele, dass` niemand sie
zählen konnte. In weiße Gewän-
der gehüllt, standen sie vor dem
Thron und vor dem Lamm, hielten
Palmzweige in den Händen und
riefen mit lauter Stimme: »Das
Heil kommt von unserem Gott, der
auf dem Thron sitzt, und von dem
Lamm!*   Offenbarung 7, 9 + 10

Inhaltsverzeichnis

Vorwort

Die Botschaft der Einheit im Leib Christi ist für mich eines der wichtigsten Themen unserer Zeit. Wie können wir uns vorstellen im Himmel die Ewigkeit zusammen zu verbringen, wenn wir einander in unserem hier und jetzt des täglichen Lebens nicht lieben können?

Ich bin durch mehr als sechzig Länder gereist, und kann mit Sicherheit sagen, dass dieser Mangel an Liebe unter den Christen das größte Hindernis für die heutige Weltevangelisation ist. Ich kann aber auch sagen, dass alle Kinder Gottes, mit ihren extrem unterschiedlichen Hintergründen, Gewohnheiten und Traditionen einfach wunderbar sind.

Was ist es dann, das uns davor schützt unsere Unterschiede zu betonen, um die ganze Familie Gottes wahrzunehmen? Wie nur sie es kann, hat hier Ruth Ward Heflin die Herausforderungen, denen wir in diesem neuem Millennium begegnen dargelegt, damit wir lernen, die Herrlichkeit, die uns durch Gottes Gegenwart offenbart wird zu ergreifen, und indem wir das tun damit beginnen, alle anderen anzunehmen, die Gott dazu berufen hat.

Harold McDougal

Einleitung

Unser Herr hat uns berufen, ein Volk zu sein, dem seine Herrlichkeit offenbart wird. Er hat uns nicht nur dazu berufen, die Offenbarung seiner Herrlichkeit zu kennen, sondern auch in dieser manifesten Herrlichkeit zu laufen. Das ultimative Ziel der Herrlichkeit Gottes ist es, dass Christen überall „eins" werden, und die Mitglieder der Familie Gottes lernen einander zu lieben.

Es ist wunderbar Gottes Herrlichkeit zu sehen und Offenbarungen und Visionen der Welt zu haben die kommen wird. Gott gibt uns solche Offenbarungen um uns mit der Schönheit seiner Gegenwart zu füllen und um seine Herrlichkeit in jedem Bereich unseres Lebens sichtbar zu machen. Es ist sein Verlangen, dass ein „ewiges Werk" in unseren Seelen getan wird, während wir Erleben wie wir in seine Gegenwart hochgehoben werden. Auf diesem Weg, können wir als Einzelne, in die Fülle und Vollkommenheit kommen für die uns Gott seit Gründung der Welt vorherbestimmt hat. Gottes wichtigster Grund seine Herrlichkeit auf der Erde zu manifestieren ist es, dass sein Volk „eins" wird.

Ruth Ward Heflin
Ashland, Virginia

Teil I

Einheit:
Das Produkt unserer
Erweckung

Kapitel I

Die Salbung und die Einheit

„Du hast mein Haupt gesalbt mit Öl!"

Du deckst mir einen Tisch vor den Augen meiner Feinde. Du nimmst mich als Gast auf und salbst mein Haupt mit Öl.   Psalm 23,5

Der Feind nutzt mehr als alles andere Uneinigkeit, um die Salbung der Gläubigen beziehungsweise die Diener des Herrn zu zerstören. Mehr als Sünde! Mehr als dämonische Angriffe! Mehr als alles andere! Es ist der Mangel an Einheit, der die Salbung daran hindert in unserem individuellen Leben und in der Gemeinde als solches, zu fließen. Es ist auch der Mangel an Einheit, der uns zurzeit davon zurückhält, Gottes Fülle im Persönlichen und im Gemeinsamen zu Erreichen.

Es gibt Hoffnung. In jeder großen Bewegung des Geistes Gottes, in der die Salbung inmitten seiner

Leute durch den Heiligen Geist zunahm, gab es immer ein verschmelzen der Herzen der Leute untereinander, und ein zusammenfließen, Herz zu Herz, in dem so unterschiedlichem Leib Christi. Brüder, die sich nicht in die Augen sehen konnten, solche, die nicht in der Lage waren in Fragen der Lehre in Übereinstimmung zu kommen, und solche, die Bitterkeit und Streit erlebt haben, und erlaubt haben, dass sie ihre menschlichen Konflikte von dem Besten trennen, was Gott für ihr Leben hat, kamen in Zeiten der Erweckung immer wieder zusammen, weil sie ein Verlangen nach der Salbung und der Herrlichkeit Gottes hatten. Es ist interessant. Die Salbung bringt Einheit, und die Einheit bringt die Salbung. Es ist wie die alte Frage wer zuerst da war: das Huhn, oder das Ei. Manche bestehen darauf, dass es das Huhn war, denn wie kann man ein Ei haben, ohne dass zuvor ein Huhn da war? Andere sind sich wiederum sicher, dass das Ei zuerst da war. Hühner schlüpfen aus Eiern. Es ist eine endlose Diskussion, und die, die lange genug darüber nachgedacht haben verstehen, dass es egal ist aus welcher Sicht man die Sache sieht, das eine bedingt das andere.

Also, was war zuerst da, die Herrlichkeit oder die Einheit? Beide Wege funktionieren. Wenn wir in der Erweckung weitergehen, werden wir eine andere Gewichtung, in den Dingen die Einheit herstellen entwickeln. Wir können uns nicht zurücklehnen und warten, bis sich Dinge ändern. Wenn wir eine reichere Salbung auf unseren Leben wollen, wird Gott uns ein Verlangen geben, zu hören, was auf seinem Herzen ist. Er hat uns berufen, die Bedeutung der Einheit in seiner Familie zu erkennen und danach zu streben, dass die Dinge in Existenz kommen. Es ist an der Zeit aufzuhören auf die Unterschiede zwischen uns zu sehen, und anstatt dessen die Dinge, in denen wir übereinstimmen zu betonen. Gottes Kinder sollten anfangen einander zu lieben, damit wir alle Anteil haben können an dem, was Gott für diese wichtige Stunde vorbestimmt hat.

Je mehr wir in den kommenden Tagen die Herrlichkeit erleben, desto mehr wird sich unter den Brüdern Einheit manifestieren und je mehr Einheit sich unter den Brüdern zeigt, desto mehr wird Gott Herrlichkeit über uns ausgießen.

Das ist es, was die Welt in diesen letzten Tagen gewinnen wird.

Warum freute sich David daran, dass sein „Haupt" gesalbt war mit Öl? Ich denke ich weiß was er einfach gefühlt hat. Ich bin immer noch ein bisschen altmodisch im Bezug auf mich selbst. Wenn mir jemand die Hände auflegt und für mich betet, habe ich es immer noch gern, wenn er die Hände auf meinen Kopf legt. Prinzipiell verstehe ich, dass wir unsere Hände auf andere Körperteile legen können wenn wir beten, und Gott wird antworten. Aber wie auch immer, da gibt es etwas, wenn man die Hand auf den Kopf legt, dass anders ist, als wenn man die Hand in die Hand des anderen, auf die Schulter, den Rücken oder einen anderen Teil seines Körpers legt. Der Ort des Widerstandes gegen den Feind ist der Verstand des Menschen, und wenn das Salböl zu fließen beginnt und diese Gedanken berührt, ist das Sieg der uns vom Kopfe an bis zu den Sohlen unserer Füße berührt.

Wir brauchen eine solche Salbung, denn Abneigung gegenüber Menschen die anders sind als wir selbst, beginnt in unserem Denken. Sie beginnt in dem wie wir aufgewachsen sind, was uns als Kindern gelehrt wurde und was wir von anderen Menschen hörten. Wir brauchen Gott um unser Denken und unseren Blick auf andere Leute zu verändern. Wenn der Teufel unseren Sinn mit allen Arten böser Gedanken übereinander füllen kann, dann kann Gott uns von diesen Gedanken durch seine Salbung befreien, und diese Befreiung wird unseren Sinn wieder in die richtigen Bahnen leiten.

Manchmal gibt es Dinge in unseren Herzen und in unseren Gedanken, bei denen wir gar nicht bemerken wie sie uns beeinflussen. König Salomo spricht von der Zeit, in denen die Schatten hinweg fliehen:

Wenn der Tag anbricht und DIE SCHATTEN
*fliehen, dann komm zu mir, mein Geliebter, so
flink wie eine Gazelle oder ein junger Hirsch
auf den zerklüfteten Bergen.* Hoheslied 2,17

Wenn der Tag anbricht und DIE SCHATTEN
*fliehen, will ich zum Myrrhenberg, dem Weih-
rauchhügel gehen.* Hoheslied 4,6

Eine dunkle Wolke zieht vorüber, aber wir bemerken gar nicht, dass der Schatten uns umfängt. Wir
haben unbewusst, und ohne es zu wissen Einstellungen und Vorurteile der Menschen um uns herum
angenommen. Auch wenn wir es vielleicht nicht
bemerkten, hat der Schatten Ecken unserer Seele ver-
dunkelt, und Gott möchte uns davon befreien. Wenn
wir von der Herrlichkeit Gottes durchdrängt werden,
werden die Schatten plötzlich von uns fliehen.

Gottes Salbung hat einen Weg uns demütig zu
machen. Wenn wir hören, was er in unseren Leben
tun möchte, sagen wir, „Herr, wie konnte ich es nur
erlauben, dass ein Schatten irgendeines dunklen
Gedankens meinen Weg kreuzte? Wie konnte ich
irgendeiner Wolke der Spaltung erlauben meinen
Horizont einzutrüben? Wie konnte das passieren?".
Aber darauf braucht es keine Antwort, denn in diesem Moment der Herrlichkeit, wird deine Beziehung
mit deinem Bruder vollständig wiederhergestellt.

Die Salbung und die Einheit gehören zusammen. Menschen die von Gott mit einer speziellen Salbung gebraucht wurden, waren solche, die wussten, wie sie Differenzen bei Seite legen konnten und zum Fuß des Kreuzes kamen. Es ist die Willigkeit zu vergeben, wie Christus vergibt und zu vergessen wie Gott vergisst, die die große Salbung auf sie brachte.

Gott möchte uns in diesen Dingen salben, und er hat keinen Mangel an Salbung. Er ist gerade jetzt im Himmel mit dem Horn des ewigen Salböls, bereit jeden von uns für einen Dienst, eine Position, ein Amt oder für Regierung zu salben, die wir nie kannten. Er prüft unsere Herzen, um zu sehen, wie wir im Bezug auf das Wohlergehen seiner Familie stehen, und wie wir füreinander empfinden. Er hat Einheit unter uns angeordnet. Wenn wir ein Verlangen danach haben, wird er eine spezielle Salbung der Einheit über uns ausgießen.

Nur Gott hat ein Recht zu entscheiden, wer seine Salbung empfangen wird. Als Samuel in das Haus von Jesse ging, um den nächsten König von Israel zu salben, war er von der äußeren Erscheinung der älteren Söhne Jesses beeindruckt (trotz dass er ein Prophet Gottes war). Als der älteste Sohn vortrat, groß und gut aussehend, sagte Samuel, „Sicher wird das der sein, den der Herr zu seinem Feldherr über sein Volk salben will."

Der Herr sagte, „Nicht dieser.".

Der nächste kam vorbei, und er sah auch aus als sei er qualifiziert. Tatsächlich, schien es, dass alle Söhne Jesses die ihm gezeigt wurden alle ausreichenden Qualifikationen hatten. Als sie alle vorübergegangen waren, einer nach dem anderen, und keiner von ihnen gesalbt wurde, war der Prophet gezwungen zu fragen, „Gibt es noch einen anderen?".

„Oh ja," antwortete der Vater. „Es gibt einen kleinen Hirtenjungen. Alles was er tut ist, nach den Schafen zu sehen und seinem Gott süße Psalmen zu singen."

Als David hereingebracht wurde, sagte der Herr zu Samuel, „Das ist er", und der Prophet neigte sein Horn, das gefüllt war mit Öl und David wurde zum König über Israel gesalbt.

Was machte David besser als die Anderen? Wieso hat er Gott mehr gefallen als seine Brüder? Es war die Berührung der Liebe Gottes auf seinem Leben. Er war nicht auf dem Feld und überlegte, wie er seinen Brüdern gleich werden könnte. Er war ganz konzentriert auf Gott. David konnte nicht mit seiner Beliebtheit angeben; er hätte keine demokratische Wahl gewonnen; aber Gott kannte sein Herz. Er hatte noch nicht den Thron bestiegen und musste zuvor durch eine Zeit der Vorbereitung gehen, aber seit diesem Moment, in dem Samuel das Öl über seinem Kopf ausgegossen hat, war er gesalbt König über Israel zu sein.

Was sind wir ohne die Salbung? Welchen Dienst
können wir tun ohne die Berührung Gottes auf unserem Leben?

Es ist Zeit zu größeren Salbungen weiterzugehen.
Lasst uns gesalbt sein um in Gottes Gegenwart zu
stehen, gesalbt zu preisen und anzubeten, gesalbt
um Befreiung für die hungrige Masse zu bringen
und gesalbt uns mit denen zu vereinigen, die Gott
an unsere Seite gesetzt hat.

Es gibt eine spezielle Salbung um Einheit unter
Brüder zu bringen. Die, die willig sind, können
eine spezielle Berührung vom Himmel erhalten und
gebraucht werden, um Menschen verschiedener
Hintergründe und Erfahrungen zusammenzubringen. Das ist ein wertvoller Dienst, einer der
Bedeutendsten der Endzeit.

Gott hat einen jeden von uns berufen in der
Salbung zu leben und weiter zu gehen und den
Menschen auf der ganzen Welt spezielle Salbungen
zu bringen. Wir können das niemals tun, wenn wir
nicht an erster Stelle Gottes Liebe in unseren Herzen
arbeiten lassen. Du wirst nicht die Salbung Gottes
zu anderen bringen, bis du selbst in der Fülle deiner
Salbung lebst. Das heißt in Einheit und Harmonie
mit deinen Brüdern und Schwestern im Glauben zu
leben. Empfange eine spezielle Salbung der Einheit
und lass sie von Gott benutzen um Frieden und
Harmonie im ganzen Leib Christi zu verbreiten.

Ich bin privilegiert einige der größten Erweckungen die die Welt je gekannt hat zu sehen, und ich kann sagen, dass trotz all der Zeichen und Wunder die Erweckung begleiten, das markanteste Zeichen einer jeden Erweckung der Fluss der Salbung zur Einheit ist. Durch die Unterwerfung des Verlangens Einzelner, kommt das große Verlangen des Willens Gottes hindurch. Das bringt sichtbare Salbung und bringt garantiert Segnungen für die Seele.

Kapitel II

Die Bedeutung von Einheit

„So sollen sie zur völligen Einheit gelangen!"

Ich bete aber nicht nur für sie, sondern auch für die Menschen, die auf ihr Wort hin an mich glauben werden. Ich bete darum, dass sie alle eins sind – sie in uns, so wie du, Vater, in mir bist und ich in dir bin. Dann wird die Welt glauben, dass du mich gesandt hast. Die Herrlichkeit, die du mir gegeben hast, habe ich nun auch ihnen gegeben, damit sie eins sind, so wie wir eins sind. Ich in ihnen und du in mir – so sollen sie zur völligen Einheit gelangen, damit die Welt erkennt, dass du mich gesandt hast und dass sie von dir geliebt sind, wie ich von dir geliebt bin. Johannes 17, 20-23

Unsere Einheit war das vorrangige Thema im Gebet Jesu. Er hat sich nicht einfach nur einmal darauf bezogen; Er erwähnte es immer wieder und auf verschiedenen Wegen:

Dass sie alle EINS *sind – sie in uns…* (Vers 21)

Dass sie alle EINS *sind – so wie du, Vater, in mir bist und ich in dir bin…*   (Vers 22)

So sollen sie zur völligen EINHEIT *gelangen…*
                                          (Vers 23)

Was meinte Jesus, als er sagte, dass wir *„eins"* sein sollen? Er betete, dass wir eins seien, *„so wie"* er eins war mit dem Vater. Unsere Nachfolge muss nicht nur mit unserem himmlischen Vater geschehen, sondern auch mit den anderen Gliedern seiner Familie. Er liebt uns alle gleich und ist betrübt wenn wir einander nicht lieben können.

Das ist das vielleicht bedeutendste Gebet in der Bibel, und es beinhaltet einige der wichtigsten Worte Jesu, die er in seiner Zeit auf der Erde sagte. Wir sollten dieses Gebet studieren, denn es offenbart Gottes Herz.

Wir sind in eine herrliche Zeit der Erweckung eingetreten und werden die große Ernte am Ende der Zeiten einbringen. Das ist wunderbar, aber noch nicht genug. Zur gleichen Zeit möchte Gott, dass sein Volk die unbedeutenden Unterschiede untereinander fallen lassen und zusammen kommen. Er möchte eine vereinigte Familie und nichts steht höher auf seiner Prioritätenliste.

Die meisten von uns betrachten den Sendungsauftrag als das letzte und wichtigste Wort, dass Jesus uns hinterlassen hat, und das könnte wahr sein, im Sinne dessen, was an geistlicher Aktivität wichtig ist. Aber es ist möglich, dass das Gebet Jesu aus Johannes 17 von größerer Bedeutung für das Wohl des Leibes Christi ist auf der Erde, als alles andere was er gesagt hat. Ohne Einheit, bleiben wir ein verkrüppelter und begrenzter Leib.

Jesus betete nicht einfach nur für die Welt oder für seine kleine Gruppe von Jüngern. Er sagte, er betete für alle die, die an ihn jetzt und in Zukunft glauben würden, durch das Zeugnis seiner Jünger. Das ist ein Gebet für alle Gläubigen aller Generationen und, dank Gott, gehören wir dazu. Jesus wünscht sich, dass wir „*eins*" sind mit den anderen Gliedern seines Leibes.

Mangel an Einheit ist unter den Nachfolgern Christi kein modernes Phänomen. Es war ein Problem der ersten Gemeinde, und es ist seitdem immer Problem geblieben. Ich würde soweit gehen zu sagen, dass es das „größte Problem" ist, dem wir in der Gemeinde heute gegenüberstehen. Im Gegensatz zur verbreiteten Meinung unser größtes Problem sei ein Mangel an Finanzen oder ein Mangel an Talent. Jesus wusste

als er dieses Gebet vor fast zweitausend Jahren betete, wo wir in dieser Stunde stehen würden, und er
betete für uns, dass wir „eins" seien.

Obwohl die gegenwärtige Erweckung uns Wunder brachte, war das nicht das vorrangige Ziel der
Ausgießung Gottes über die Erde. Obwohl neue
Geschenke und Dienste sich manifestieren, sind sie
nicht in erster Linie Gottes Absicht weshalb er uns
seine Herrlichkeit sendet. Das allererste Ziel seiner
Herrlichkeit, das wir erleben, dass es unter uns den
vielgliedrigen Leib vereinigt, als „eins" hervorbringt,
so wie Jesus eins mit dem Vater ist und der Vater eins
ist mit ihm. Jesus selbst sagte: *„Die Herrlichkeit, die
du mir gegeben hast, habe ich nun auch ihnen gegeben,
damit sie eins sind, so wie wir eins sind."* Einheit muss
das Ergebnis von Erweckung sein.

Der Leib Christi besteht aus Menschen verschiedenster Nationen und allen christlichen
Denominationen, und da gibt es große Unterschiede
unter uns, sowohl in der Kultur als auch in Fragen
der Lehre. Trotzdem sagte Jesus wir können eins
sein. Wie ist das möglich? Einheit kommt nicht, weil
wir alle an dieselben Dinge glauben. Nur im Raum
der Herrlichkeit können wir eins werden und das
Gebet Jesu erfüllen. Wenn wir das verstehen, fällt es
uns leichter glauben zu können, dass Einheit unter
uns erreicht werden kann. Es muss einfach passieren, denn es gibt nichts Wichtigeres in dieser Stunde.

Wir alle wünschen uns Gottes Herrlichkeit aber wir tendieren dazu, sie wegen der falschen Gründe anzustreben. Seine Prioritäten und unsere sind nicht dieselben. Dinge, die wir für die Wichtigsten überhaupt halten, stehen oft sehr weit unten auf seiner Liste. Der bedeutendste Grund für die Manifestation der Herrlichkeit Gottes ist es, uns in Einheit mit unseren Brüdern zu bringen.

Manchmal scheint es als hätten wir jeder unsere persönliche geistliche Einkaufsliste, aber, dass was wir uns persönlich wünschen, ist nicht immer das Wichtigste für das Königreich. Gottes höchstes Ziel weswegen er uns seine Herrlichkeit sendet, ist es seine Familie auf der Erde zu vereinen. Das muss deswegen auch zu unserem Ziel werden. Ich habe das schon seit Jahren gesagt, aber indem die Erweckung fortschreitet, wird es immer offensichtlicher wie wichtig diese Botschaft ist.

Es ist Zeit, dass wir alle anfangen, Jesu Herzensanliegen zu verfolgen: *„damit sie eins sind"*. Wenn wir nicht lernen können einander zu lieben, wie können wir dann annehmen, dass er seinen Geist auf ein so vielfältiges Volk ausgießt? Das sind seine Wildblumen, und er hat uns dazu berufen, sie warmherzig in die Familie aufzunehmen.

Ein Jahr, bevor ich Jerusalem verließ um nach Australien zu gehen, hatte einer unserer Leute eine Vision von Wildblumen, die überall nach dem Regen des Heiligen Geistes aufgingen. Ich wusste gar nicht, wie bekannt Australien für seine Wildblumen war, aber als ich nach Perth ging, traf ich verschiedene Menschen, die daran arbeiteten ein lokales Geschäft für Wildblumen aufzubauen. Die konnten daher auch verstehen, was ich sagte.

Trotz, dass es mittlerweile verbreitet ist, Wildblumen zu kultivieren, war das nicht der Plan Gottes. Er zeigte uns an ihnen, dass sie einfach egal wo und überall aus dem Boden schießen. Manche sprießen an den merkwürdigsten und an völlig unerwarteten Stellen hervor. Wildblumen tauchen zum Beispiel auch in Wüsten in allen Teilen der Erde plötzlich auf. Wir sollten nicht erwarten, dass Gottes Blumen nur in der Kirche, der Synagoge, oder in anderen heiligen Orten aufblühen. Einige seiner Wildblumen werden an Plätzen aufwachsen, an denen wir es am wenigsten erwartet hätten. Denn sie sind sein, und weil sie sein sind, sind sie auch ein Teil von uns.

Wir Christen haben ein traditionelles Gebet, das als das „Gebet des Herrn" bezeichnet wird. Es ist Teil der Bergpredigt. Dieses Gebet wurde den Jüngern gegeben, um sie zu lehren, wie sie zu Gott kommen können und wie sie gute Nachfolger Christi sein können. Es zeigt uns das Herz Gottes, und offenbart seinen Willen für die Gemeinde für alle Generationen. Es zeigt uns Jesu Verlangen kurz vor seiner Rückkehr zum Vater. Es lehrt uns, dass wenn wir die Herrlichkeit Gottes in einem höheren Maß kennenlernen, es wesentlich ist, dass wir auch ein höheres Maß an Einheit mit unseren Brüdern erleben. Das Ausmaß der Offenbarung von Gottes Herrlichkeit wird proportional zu unserer Willigkeit sein, ihm zu erlauben Einheit unter uns zu bringen.

Es ist egal welche Begabungen, welche Fähigkeiten und welche Talente eine Person hat. Wenn inmitten dieser Begabungen, Fähigkeiten und Talente nur Streitigkeiten und Zwietracht stehen, wird die Herrlichkeit nicht offenbar werden. Gott sucht Menschen, die seine Herrlichkeit für die Welt reflektieren, und diese Herrlichkeit schließt seine große Liebe, natürlich zu seiner Familie, aber auch zu jedem einzelnen der Geschöpfe ein.

Als der Herr vor ein paar Jahren in Jerusalem begann uns zu lehren, wie leicht es ist, in diesen Raum der Herrlichkeit in jedem Moment einzutreten (wie wir ihn preisen können, bis der Geist der Anbetung kommt - wie wir anbeten können, bis die Herrlichkeit kommt - und wie wir in der Herrlichkeit vor Gottes Thron stehen können und seine Offenbarung empfangen können), hat er uns auch gezeigt, dass wirkliche Herrlichkeit kommt, wenn wir uns mit dem Geist eins machen können, und wenn die Herrlichkeit dann kommt, wird sie stärkere Einheit mit sich bringen.

So eine Wahrheit zu kennen, bewirkt nicht automatisch, dass es einfach passiert. Einheit ist so ein schwieriges Ziel, dass es vielleicht nicht sofort, oder schnell erreicht werden kann. Aber wenn wir einmal das Potenzial kennen, können wir beginnen darauf hinzuarbeiten. Und wenn wir dann das Ziel in Sichtweite haben, können wir damit beginnen uns in diese hohe Berufung „hineinzupressen".

Kapitel III

Die Kostbarkeit der Einheit

„Wie schön und wie wunderbar!"

Wie schön und wie wunderbar ist es, wenn Brüder einträchtig zusammenleben! Das ist so kostbar wie das duftende Salböl, das Aaron über das Haupt gegossen wurde, das hinab rann in seinen Bart, an seinem Körper hinunter bis zum Saum seines Gewandes.
Es ist so erfrischend wie der Tau vom Berg Hermon, der auf die Berge Zions fällt. Denn dort verheißt der Herr seinen Segen und Leben, das niemals enden wird.

Psalm 133, 1-3

„Wie schön!"
„Wie wunderbar!"
„Das ist so kostbar wie das duftende Salböl!"
„Es ist so erfrischend wie der Tau vom Berg Hermon!"

„Es ist ... wie der Tau der auf die Berge Zions fällt!"

Einheit unter Brüdern ist wertvoll und kostbar, und sie ist es wert angestrebt zu werden. Wenn wir sie erfolgreich erreichen wollen, müssen wir das an höchster Stelle in unseren Köpfen bewahren. Einheit sollte für uns wertvoller werden als Diamanten. Wir müssen sie als wertvolles Juwel betrachten nachdem wir suchen. Wenn das das größte Verlangen des Herzens Jesu war, wie können wir dann an dessen Signifikanz zweifeln?

Einige Menschen erachten die Menschen die sie umgeben nicht als wertvoll. Manchen fällt nicht einmal auf, wie wichtig ihnen Menschen waren, die sie geliebt haben, bis sie diejenigen verloren haben. In den Tagen nach dem Tod von solch geliebten Menschen fällt vielen auf, dass es nichts Wichtigeres im Leben gibt, als unsere Beziehung zu Gott und unseren Beziehungen untereinander. Lasst uns nicht darauf warten, dass der Tod uns das lehren muss. Pflege und kultiviere die Beziehungen zu deinen Brüdern und Schwestern jetzt.

Unsere wirklichen Schätze sind nicht in irgendwelchen Tresorräumen oder Schatzkisten. Unseren waren Reichtümer gehen mit uns. Möge der Heilige Geist diese Botschaft tief in dein Herz pflanzen. Einheit ist kostbar!

Im natürlichen Bereich sind die meisten von uns weise genug, um Dinge die wirklich wertvoll sind zu bewahren, aber es scheint so, dass sie nicht merken was sie im geistlichen Bereich riskieren. Wir sind bereit Schmuck, Autos, Häuser und Besitztümer zu beschützen, aber wir scheinen nicht zu realisieren, wie wertvoll unsere Beziehungen sind, und wie wir darunter leiden werden, wenn sie kaputt sind.

Wenn wir für etwas unser ganzes Leben lang gearbeitet haben, werden wir nicht erlauben, dass es uns ein Dieb stehlen kann. Trotzdem, manchmal sind wir schnell darin, wegen irgendwelchen belanglosen Gründen unsere über Jahre entwickelte intime Beziehung zu unserem Herrn und seinen Leuten plötzlich in den Wind zu schreiben.

Einige Menschen wollen große Sachen von Gott, aber sind nicht bereit mit ihrem Nachbarn zu sprechen, um diese Sachen zu bekommen. Wenn es für uns bedeutet uns unserer Schwester zu nähern um große Dinge zu erreichen, sind wir nicht mehr sicher ob wir das tun können. Der Hunger dieser Menschen nach Gott ist einfach nicht groß genug. Sie kennen einfach nicht den Wert der Salbung. Es ist ihnen nicht *kostbar* geworden. Wenn sie gewusst hätten, welch großer Wert dahintersteht, hätten sie alles Nötige getan um es zu bekommen. Sie wären bereit jeden Preis zu zahlen – und Einheit ist ein Teil des notwendigen Preises.

Jesus sagte:

Mit dem Himmelreich ist es wie mit einem Schatz, der in einem Acker vergraben war und von einem Mann entdeckt wurde. Der Mann freute sich so sehr, dass er, nachdem er den Schatz wieder vergraben hatte, alles verkaufte, was er besaß, und dafür den Acker kaufte.

Matthäus 13,44

Wenn wir bereit sind zu bezahlen, was immer es kostet um diese *kostbare* Salbung auf uns zu haben, wird Einheit einfach auf uns kommen.

Gott sagt, dass Einheit unter Brüdern *kostbar* ist, aber viele von uns haben noch nicht erkannt wie wertvoll diese Kraft ist. Das könnte der Grund dafür sein, dass manche nicht bemüht waren die Einheit im Geist zu bewahren. Weil sie noch nicht erkannt haben, was ihr Anteil daran ist, haben sie nicht immer stark genug versucht, der schriftlichen Ermahnung zu gehorchen:

Keiner soll sich über den anderen erheben. Seid vielmehr allen gegenüber freundlich und geduldig und geht nachsichtig und liebevoll miteinander um. Setzt alles daran, die Einheit zu bewahren, die Gottes Geist euch geschenkt hat; sein Frieden ist das Band, das euch zusammenhält. Epheser 4, 2+3

Wenn die Leute merken, dass Einheit kostbar ist, und sie eine Offenbarung darüber bekommen, wie wichtig Einheit unter den Brüdern ist, werden sie sich gemeinsam darum bemühen, denn sie wissen, dass sie es wert ist.

„Wie wunderbar!" Es ist wunderbar, wenn Brüder in Einheit zusammen sein können, so wie es die Jünger an Pfingsten waren. Kein Wunder, dass es der Psalmist, als *„so kostbar wie das duftende Salböl, das Aaron über das Haupt gegossen wurde"* bezeichnete!

Stell dir vor, was es für Aaron bedeutet haben musste, als zum ersten Mal, das heilige Salböl über seinem Kopf ausgegossen wurde. Es hat seinen Kopf bedeckt, lief im Gesicht hinunter in den Bart, über seine Kleidung und hinab bis zum Saum. Es war wunderbar, und der Psalmist sagt uns, dass wir, wenn wir uns Gottes Verlangen nach Einheit unterstellen, er dieselbe Segnung auf seine Familie bringen wird.

Aber die meisten Christen tun nicht viel um mit ihren Glaubensgeschwistern in Einheit zu sein. Tatsächlich tun sie oft, so schnell sie können, das Gegenteil. Sie tun ihr Bestes um beschäftigt zu bleiben, damit sie keine Zeit für Nachfolge haben. Alles um andere Menschen zu meiden! Das zeigt, dass wir

noch nicht die Bedeutung der Nachfolge verstanden
haben, und nicht realisieren, wie sich Mangel auf
unsere Salbung auswirkt. Die Menschen, die das tun,
haben noch nicht ergriffen, wie *kostbar* Einheit ist.

Du kannst im Leben nur das Erreichen wofür du
auch ein Verlangen hast. Wenn du etwas stark genug
willst, wirst du danach streben; du wirst dafür arbeiten; und du wirst, wenn nötig, dafür Opfer bringen.
Wenn dir etwas egal ist, oder dir unwichtig erscheint,
tust du auch nichts dafür. Aber wenn du ein Verlangen nach etwas hast, dann wirst du alles tun,
um dahin zu kommen, dann wirst du Hindernisse
beiseite räumen um es zu fördern und es beschützen
wenn du es dann hast. Deswegen müssen wir die
Kostbarkeit der Salbung verstehen. Sie ist wertvoll.

Der Hohepriester Aaron hatte das Privileg, einmal
im Jahr, stellvertretend für die Nation in Gottes Gegenwart zu kommen. Er hatte eine Salbung für diese
Nation. Das wäre nicht möglich gewesen, wenn er
in seinem Herzen Hass auf seine Brüder beherbergt
hätte. Nur wenn wir der Einheit des Heiligen Geistes
erlauben in unsere Herzen zu kommen können wir
eine Salbung für die Nation haben.

Wenn Aaron selbst zu den Problemen der Nation beigetragen hätte, hätte Gott ihm nicht so eine
hohe Position anvertraut. Israel hatte bereits genug
Probleme. Gott wollte einen Mann, der seinem Volk
helfen kann, nicht einen der noch dazu beiträgt.

Es gibt heutzutage genug Probleme, ohne dass wir noch welche hinzufügen. Es liegen genug Probleme in den Gemeinden vor ohne dass wir welche hinzufügen müssten. Es gibt genug Probleme in den Familien, ohne unser zu tun. Es ist für uns an der Zeit aufzuhören Teil des Problems zu sein, und anstatt dessen ein Teil der Lösung zu werden. Einheit ist *kostbar*. Lasst uns anfangen sie zu würdigen und etwas dafür zu tun, damit sie wirken kann.

Gott hat Jesaja berufen um *in den Riss zu treten* und *die Straßen wieder bewohnbar zu machen*. Wir haben genug Räuber und Zerstörer. Lasst uns Bauleute sein um wieder in Stand zu setzen und wieder herzustellen. Lasst uns solche sein, die Heilung bringen für eine Veränderung. Lasst uns etwas tun für die kostbare Einheit.

Zweimal beschreibt Jesus Christus seine Braut im Hohelied der Liebe, als *„herrlich, wie ein mächtiges Kriegsheer"*. Wie kann sie so stark sein und gegen die Macht der Dunkelheit Kopf an Kopf liegen? Das ist möglich durch die Salbung für die einheitsstiftende Herrlichkeit, und die ist auch für uns heute verfügbar. Wir müssen nicht 40 Tage fasten, damit die Salbung zunimmt. Wir müssen nicht rund um die Uhr beten, um sie zu bekommen. Alles was wir tun müssen, ist uns zu entscheiden unsere Brüder zu lieben und der Heilige Geist wird dann in jedem unserer anderen Kämpfe da sein um uns zu helfen. Was kann da wertvoller sein?

Vor ein paar Jahren hat eine große Organisation eine Konferenz in Israel geplant und durchgeführt. Einige der größten Diener der Christenheit waren da um zu dienen, aber irgendetwas lief verkehrt. Die Versammlungen waren nicht so gesegnet wie erwartet. Am letzten Abend der Konferenz, haben sich die Organisatoren bei allen Besuchern entschuldigt. Einige der Sprecher fühlten sich angehalten sich ebenfalls zu entschuldigen und taten das auch. „Es ist unser Fehler, dass die Segnungen nicht so reichlich waren.", gaben sie zu. „Wir haben untereinander darum geeifert, wer wann dran sein wird, und wer die meiste Zeit bekommt. Bitte vergebt uns." Da kam der Geist Gottes auf die Versammlung und Gott tat, was Menschen nicht tun können. Wenn die Einheit kommt, ist das kostbare Salböl gegenwärtig. Diese Wahrheit ist *wertvoll*.

Die Tatsache, dass der Feind so intensiv versucht Beziehungen untereinander zu zerstören, sollte uns etwas über deren Bedeutungen zeigen. Ein Dieb bricht niemals in ein Haus ein um Müll zu stehlen. Hast du jemals von Mülldiebstahl gehört? Ich denke nicht. Der einzige Grund warum ein Dieb den Müll durchwühlen wird, ist um etwas Wertvolles zu finden. Ansonsten ist es für ihn uninteressant.

Abfall wird selten gestohlen, weil sich dafür niemand interessiert. Satan, der Dieb sucht nach einem wertvollen Schatz. Wenn wir nur verstehen so wie er verstanden hat wie wertvoll Einheit ist, würden wir sie besser bewahren.

Satan will deine Freude so sehr, dass er sie schmecken kann. Er wird alles tun um dich in einen Zustand des Unfriedens mit den Menschen um dich herum versetzt. Wenn er nicht die Person nimmt mit der du zusammenlebst, wird er deinen Nachbarn von gegenüber nehmen. Er wird solange suchen, bis er jemanden finden, der deinen Geist reizt, sodass er dir die Freude raubt und dem Leib Christi Schaden zufügt.

Jeder von uns hat schon erlebt, dass er plötzlich überwältigt war von Verletzungen, verletzt von dem, was ein anderer gesagt oder getan hat und wir alle neigen dadurch zu Bitterkeit und Zwietracht. Es sollte uns klar sein, dass das alles durch unseren Feind kommt. Er versucht immer die kostbarsten Sachen die Gott uns gegeben hat zu zerstören, wie unsere Beziehungen untereinander.

Manche von uns Predigern sind genauso betroffen wie andere. Wenn wir über die Dinge nachdenken, die für uns den meisten Wert haben, werden wir an unsere rhetorischen Fähigkeiten oder spezielle Begabungen denken, aber Gott sagt, dass unsere Beziehungen der bedeutendste Schatz ist den wir haben.

Wollen wir dem Feind weiter erlauben uns das zu stehlen? Wenn wir uns nicht für die Kostbarkeit unserer Beziehungen zu jedem Glied des Leibes Christi entscheiden, kann uns das passieren. Nichts ist zurzeit wichtiger, als Einheit. Mach dir keine Sorgen, was dich die Einheit kosten wird, denn es ist alles wert was du vielleicht dafür zahlen musst. Einheit ist *kostbar*, ein Schnäppchen zu jedem Preis.

Kapitel IV

Die Kraft der Einheit

„An eurer Liebe zueinander werden alle erkennen!"

An eurer Liebe zueinander werden alle erkennen, dass ihr meine Jünger seid.

Johannes 13,35

Dadurch! Nicht durch Zeichen, nicht durch Wunder, nicht durch Predigt und durch nichts anderes, sondern durch die Einheit, die aus Liebe heraus geboren ist, *„werden alle erkennen"* das wir Jünger Christi sind. Das ist es was die Welt überzeugen wird. Einheit ist kraftvoller als das die meisten von uns schon erkannt haben!

Am Pfingsttag wurden 120 Gläubige mit dem Heiligen Geist erfüllt. Das war eine kleine Gruppe, aber trotzdem waren diese Männer und Frauen in der Lage, die Welt zu verändern. Warum? Weil sie

sehr schnell die Gewohnheit entwickelt haben Zeit
miteinander zu verbringen, Zeit der Nachfolge, Zeit
einander zu stärken:

*Was das Leben der Christen prägte, waren
die Lehre, in der die Apostel sie unterwiesen,
ihr Zusammenhalt in gegenseitiger Liebe und
Hilfsbereitschaft, das Mahl des Herrn und das
Gebet. Jedermann 'in Jerusalem` war von einer
tiefen Ehrfurcht vor Gott ergriffen, und durch
die Apostel geschahen zahlreiche Wunder und
viele außergewöhnliche Dinge. Alle, die 'an
Jesus` glaubten, hielten fest zusammen und
teilten alles miteinander, was sie besaßen. Sie
verkauften sogar Grundstücke und sonstigen
Besitz und verteilten den Erlös entsprechend
den jeweiligen Bedürfnissen an alle, die in Not
waren. Einmütig und mit großer Treue kamen
sie Tag für Tag im Tempel zusammen. Außerdem
trafen sie sich täglich in ihren Häusern, um
miteinander zu essen und das Mahl des Herrn
zu feiern, und ihre Zusammenkünfte waren
von überschwänglicher Freude und aufrichtiger
Herzlichkeit geprägt. Sie priesen Gott 'bei allem,
was sie taten,` und standen beim ganzen Volk in
hohem Ansehen. Und jeden Tag rettete der Herr
weitere Menschen, sodass die Gemeinde immer
größer wurde.* Apostelgeschichte 2, 42-47

Die Mitglieder, dieser ersten Gruppe von Christen waren bekannt für ihre Liebe zueinander. Ihre Liebe war so groß, dass sie kein Problem damit hatten, all ihren Besitz den Aposteln zu geben, damit den Nöten der anderen begegnet werden konnte. Dieses Bild ist sehr verschieden, von dem, was wir heute oft in unseren Gemeinden sehen. In diesem Zeitalter der Ichbezogenheit und der Selbstzentriertheit, bleibt die Gemeinde nicht weit hinter der Welt zurück. Wenn wir die Welt mit dem Evangelium erreichen wollen, ist es notwendig, dass wir weniger wie die Welt werden, sondern mehr wie Christus den wir repräsentieren.

So wie Jesus in Johannes 17 betet, zeigt er uns wie wir die Welt erreichen können. Er sagt, dass wenn wir nur anfangen einander Liebe zu erweisen, die Menschen der Welt es sehen werden und wissen, dass der Vater Jesus zur Errettung gesandt hat:

Ich in ihnen und du in mir – so sollen sie zur völligen Einheit gelangen, damit die Welt erkennt, dass du mich gesandt hast und dass sie von dir geliebt sind, wie ich von dir geliebt bin.
Johannes 17, 23

Wenn wir wollen, dass die Welt glaubt, müssen wir anfangen ihnen etwas sichtbar zu machen. Wir müssen ihnen etwas Erfahrbares geben, etwas, dass nicht abgestritten werden kann. Wir müssen ihnen die Liebe Gottes zeigen. Wenn wir einander lieben und wenn wir die Welt lieben, sind wir für die Welt wie ein wunderschöner Blumenstrauß.

Wenn wir Amerikaner Blumen verschenken wollen, tendieren wir gern dazu Rosen zu nehmen. Hier in diesem Land wird es als edel erachtet ein Dutzend Rosen zu verschenken. Die Engländer dagegen, bevorzugen eine ganz andere Art von Blumensträußen. Sie bestehen aus den unterschiedlichsten Blumen. Sie nehmen ein bisschen von diesem und ein bisschen von jenem in allen möglichen Farben um ein wunderschönes Arrangement daraus zu machen.

Ich liebe diese englischen Blumensträuße, denn sie repräsentieren was Gott mit uns in diesen Tagen tun will. Er mischt uns ganz verschieden zusammen zu einer exquisiten Mischung. Wir haben viele verschiedene Hintergründe und sprechen unterschiedliche Sprachen doch er stellt uns zu einem wunderbaren Arrangement zusammen. Das ist die größte Manifestation der Herrlichkeit Gottes für die Welt um uns herum. Es ist ein Zeichen seiner Gegenwart und seiner Gunst für uns. Weil er Liebe ist, ist seine Liebe in uns, und seine Liebe durch uns die größte Manifestation seiner Kraft in uns.

Jesus sagte, dass unsere Einheit und unsere Harmonie die Welt glaubend macht. Wir haben alles andere versucht, aber die Welt fragt immer noch: „Warum kommen sie nicht miteinander aus, wenn sie doch alle sagen sie seien Christen und lieben Jesus?". Es ist die schwierigste Frage. Tatsächlich, ist es sogar die schwierigste Frage für die Christen heute. Es scheint keine logische Erklärung für unsere Eifersucht unsere Spaltung zu geben, und viele Millionen von Menschen werden weggetrieben vom Evangelium, weil sie sehen, wie wir miteinander umgehen.

Es steht viel mehr auf dem Spiel, als wir uns vorstellen können. Die Glaubwürdigkeit unseres Herrn steht auf dem Spiel und damit auch die Antwort vieler Männer und Frauen auf seine Botschaft. Die Welt kann nicht glauben, dass Gott seinen Sohn aus Liebe gesandt hat, wenn diese Liebe sich nicht an den Gliedern des Leibes Christi zeigt. Wenn wir uns weiterhin bekämpfen und verschlingen, wird die Welt niemals glauben.

Wenn wir weiterhin unsere Zeit dafür investieren, andere anzugreifen, wie soll sich die Welt verändern? Wie können wir dann nach Veränderung fragen? Wir sagen den Leuten, sie sollen weg von den Gemeinden und hin auf Jesus sehen, aber es funktioniert so einfach nicht. Wir sind die Stellvertreter Christi auf Erden und wir können nicht erwarten, dass die Menschen irgendwo anders hin sehen, anstatt auf uns.

Wenn die Herrlichkeit des Herrn mehr und mehr auf die Erde ausgegossen wird, wird es sich daran zeigen, dass die zerrütteten Teile des Leibes Christi wieder zusammengefügt werden. Wenn Gott mehr mit seiner Gegenwart kommt, werden es die Männer und Frauen an unseren Beziehungen untereinander sehen. Die Welt wird nicht durch unsere tollen Talente oder hervorragenden rhetorischen Fähigkeiten gewonnen. Männer und Frauen werden nur in die Familie Gottes kommen, wenn sie sehen, wie sich seine Liebe unter uns und durch uns manifestiert.

Wenn wir einmal die Bedeutung, die Kostbarkeit und die Kraft der Einheit kennen, werden wir mehr Zeit hingeben um sie anzustreben. Auf Einheit hinzuarbeiten hat außerdem kraftvolle Auswirkung auf den, der sie anstrebt. Anderen vergeben zu lernen, wird dich weise machen; es wird deine Salbung erhalten; es wird die Herrlichkeit des Herrn in deinem Leben fließen lassen. Wie wir sehen können, gibt es eine höhere Bestimmung. Das ist der Weg, wie die Welt Christus kennen lernen wird.

Gott hat nicht zu uns gesagt, „Mein Geist wird in erster Linie in eurem Leben manifestiert, indem ihr große Heilungswunder tut, oder durch die großen Wunder, die in eurem Leben passieren werden, oder durch große Offenbarungen die ihr empfangen werdet, oder durch eure Fähigkeit mein Wort zu predigen." Nein, es wird durch die Einheit geschehen, die wir im Geist genießen.

Die Einheit in unseren Herzen herzustellen, wird eine der großen Hauptaufgaben des Heiligen Geistes in diesen letzten Tagen sein. Wenn wir ihm nicht die Vorurteile und Schieflagen unseres Herzens geben, sind wir in Gefahr ihn am letzten Tag zu verpassen. Bewahre diese Botschaft tief in deinem Geist: in der Einheit ist Kraft, Kraft die Welt für Christus zu gewinnen.

Teil II

Ursachen der Uneinigkeit

Kapitel V

Die Schwierigkeit Einheit zu erreichen

„Lasst es nicht zu Spaltungen unter euch kommen!"[1]

Geschwister, im Namen von Jesus Christus, unserem Herrn, fordere ich euch alle auf, eins zu sein. Redet so, dass eure Worte euch nicht gegeneinander aufbringen, und lasst es nicht zu Spaltungen unter euch kommen. Seid vielmehr ganz auf dasselbe Ziel ausgerichtet und haltet in völliger Übereinstimmung zusammen.

1. Korinther 1,10

Niemand hat gesagt es würde leicht Einheit zu erreichen. Eher das Gegenteil! In der Tat, sind die meisten davon überzeugt, dass dies die schwierigste Aufgabe ist die sie sich vorstellen können. Ich ver-

---

1 Im Englischen heißt es vielmehr: „Das da keine Spaltung unter euch sei!"

stehe was sie sagen, aber ich muss hinwegsehen, von
der Unwahrscheinlichkeit und der Unmöglichkeit
Einheit zu erreichen, um zu hören, was der Herr
Jesus über seine Gemeinde sagt. Wir können nicht
darin versagen Einheit unter uns zu haben, denn es
ist ein Herzensschrei unseres Erretters.

Glaubt mir, ich weiß wie schwierig es ist mit
manchen Leuten in Einheit zu kommen. Ich
muss selbst oft feststellen, dass ich in solchen
Situationen unzulänglich bin. Wenn ich das
feststelle, rufe ich schnell zu Gott: „Herr Jesus,
hilf mir. Lass mich eine bessere Person sein.
Verändere meine Einstellungen. Gib mir mehr
Gnade." Und dann spüre ich, wie seine Herrlichkeit mich wäscht, und ich weiß, dass ich jeden in
jeder Situation lieben kann.

Wenn Jesu Gebet um Einheit zwecklos gewesen
wäre, hätte er es niemals gleich zu Beginn gebetet.
Dieses Gebet würde nicht in den heiligen Seiten der
Bibel erscheinen, wenn die Herrlichkeit des Herrn
nicht uns Normalsterblichen gegeben werden könnte, um uns eins mit dem Vater zu machen.

Einheit ist kein unmöglicher Traum. Es ist keine
nutzlose Ambition. Trotz dass es so scheint, dass
manche versuchen das bisschen Einheit, das wir
bereits haben zu zerreißen, während wir sie müh-
sam versuchen zu erreichen, ist unser Ziel nicht
hoffnungslos. Gott pflanzt ewige Werte in unsere

Herzen, und daraus wird ganz sicher Frucht aufge-
hen – egal was andere sagen oder tun.

Manchmal, wenn ich mich eine Zeit gemüht habe,
Menschen zu lieben, die mich und meinen Dienst
wirklich lieblos behandelt haben höre ich den Herrn
sagen: „Einer, für den Christus gestorben ist.". Wenn
Gott die Menschen so sehr liebt, haben wir eine
Verantwortung ihm gegenüber, sie auch zu lieben.
Und wenn sich keine Liebe in unseren Herzen findet,
sind wir herausgefordert zu Gott zu rufen und ihn
zu fragen Liebe in uns hineinzulegen.

Uns ist die biblische Mahnung bekannt:

> *Tragt euren Teil dazu bei, mit anderen in Frie-*
> *den zu leben, soweit es möglich ist!*
>
> Römer 12,18

Wir alle wissen was wir tun *sollten*, aber manchmal
scheint es, es würde nicht genug in uns liegen um
in Frieden mit allen zu leben. Wie auch immer, Gott
akzeptiert in diesen letzten Tagen keine Entschuldi-
gungen. Er will ein Volk, das gesegnet ist mit dem
Öl der Einheit, ein Volk, das im priesterlichen Dienst
vor dem Herrn steht, von Kopf bis Fuß mit Öl bedeckt. Wenn seine Herrlichkeit auf uns ist, können
wir jeden lieben.

Manche Frauen würden vielleicht sagen, „Aber
wenn du einen Ehemann wie meinen hättest...".

Wenn du das fühlst, möchte ich dir sagen, dass Gott genug Liebe für deinen Ehemann und zehn weitere hat, die so wie er sind. Wenn du dein Herz einfach für den Herrn öffnest und dich von ihm mit seiner Liebe füllen lässt, wirst du der Katalysator sein um Veränderung für deinen Ehemann zu bringen. Das gilt auch für Männer und ihre schwierigen Ehefrauen.

Meine Zeiten der Verzweiflung werden dankbarer Weise weniger, aber in solchen Momenten erweist sich der Geist Gottes als immer treu. Es ist Gottes Wille, dass wir überwinden aber das können wir nicht mit Herzen voller Ärger und Bitterkeit. Gott ruft uns in der Wolke seiner Herrlichkeit zu leben. Er ruft uns im Dunst seiner Gegenwart zu bleiben. Er wünscht sich, dass sein Volk bekannt ist als das Volk der Herrlichkeitswolke, nicht als das Volk, das gespalten ist in tausend Denominationen.

Wenn der Herr die Worte „Einer für den ich gestorben bin." in meinen Geist flüstert schmilzt mein Herz. Es ist egal was ich denke, wenn der Herr für diese Person starb, wer bin ich dann, etwas über sie zu sagen? Wer bin ich, dass ich meine Worte gegen sie erheben könnte? Wie kann ich das Gefühl haben mit einer Person am Ende zu sein? Wenn Christus für sie gestorben ist, ist es an mit der Person zu vergeben und das zu vergessen was sie mir angetan haben.

Der Feind unserer Seele sorgt dafür, dass wir schlechte Dinge, die über uns gesagt werden, hören, bevor wir diese Personen woanders treffen. Das ist nicht Gott der uns warnt. Es ist der Feind, der versucht Uneinigkeit zu bringen. Wenn mir sowas passiert und ich die Person bald sehe, rufe ich zu Gott, dass er mir hilft richtig zu reagieren und weiter seine Liebe zu zeigen, trotz, dass sie mir verletzende Dinge angetan oder über mich gesagt haben.

Wenn er seine Liebe über uns ausgießt beginnen kalte Herzen, Herzen, die voreingenommen sind, Herzen die verletzt wurden und Schmerzen plötzlich zu schmelzen. Dann können wir den Menschen direkt in die Augen sehen, ihn umarmen, seine Hand schütteln und sagen „Gott segne dich Bruder.". Und wir können es ganz wahrhaftig sagen, mit all unserem Glauben, dass die Segnungen Gottes auf ihn kommen. Wir können das in diesen Momenten weil Gott uns auf übernatürliche Weise hilft. Wo wären wir ohne seine Liebe?

Viele von uns haben sich für ein christlichen Lebens entschieden, streben nach hohen Zielen und lassen sich niemals an Orten der Sünde finden. Es gibt viele Dinge, die wir niemals tun würden, weil wir Gott gefallen und ein gutes Zeugnis für die Menschen um uns herum sein wollen. Aber viele von uns sind schuldig der Lieblosigkeit gegenüber anderen. Wir würden uns niemals betrunken ertappen lassen,

aber manchmal erlauben wir einer Wurzel der Bitterkeit unsere Herzen zu durchdringen, wenn wir
einen Mitbruder als schwierig wahrnehmen. Der
Schreiber des Hebräerbriefs warnt:

> *Achtet aufeinander, damit niemand die Gnade*
> *Gottes versäumt. Seht zu, dass keine bittere*
> *Wurzel unter euch Fuß fassen kann, denn sonst*
> *wird sie euch zur Last werden und viele durch*
> *ihr Gift verderben.*   Hebräer 12,15

Eine *bittere Wurzel* wird nicht nur *Unheil anrichten,* sondern auch viele *verderben.* Das Königreich
Gottes leidet, wenn wir erlauben dass sich unsere
Gedanken und unser Geist mit Bitterkeit füllen,
und unser eigenes geistliches Wohlergehen ist
ebenfalls bedroht. Die Frage ist nicht was die
anderen getan haben. Es ist die Frage in welchem
Zustand unser Herz ist.

Wenn du merkst das Bitterkeit dich ergreift, ist es
Zeit zu Gott zu rufen und ihm zu erlauben dir zu
helfen. In die Gemeinde zu gehen und jeden Gottesdienst zu genießen hilft dir diese ungewollten
Gefühle loszuwerden. Gott am Morgen, am Nach-
mittag und abends zu preisen hilft ebenfalls.

Wenn du betrübt wirst im Geist, ärgerlich bist
über jemanden oder wenn Bitterkeit und Eifersucht
in deinem Herzen sind, ist es nicht nur notwendig

Gott um seine Hilfe zu bitten, sondern du musst auch bereit sein, deine falschen Gefühle zu bereuen.

Manchmal beginnen wir einen Tag gut, aber sobald jemand etwas sagt was uns aus der Fassung bringt ist unser Tag verdorben. Meistens meinten die Menschen, die etwas gesagt haben was uns beleidigt hat es gar nicht so, wie wir es aufgenommen haben. Trotzdem sind wir beleidigt. Menschen sagen völlig ungewöhnliche und unerwartete Dinge.

Vor vielen Jahren, kam eines Abends nach einer großartigen Versammlung, in der mein Onkel Bill gedient hat, eine Frau nach vorn um ihm die Hände zu schütteln. Er war bestürzt als sie sagte, „Bruder Ward was sie für eine große Nase haben!". Er hat eine Stunde lang gepredigt was auf seinem Herzen war, hat für die Kranken gebetet und den Menschen eine weitere Stunde gedient, und alles über was die Frau nachdachte war seine große Nase. Ich denke als sie vor ihn getreten ist, war sie überwältigt von seiner Größe und sprachlos und sie konnte lediglich über sein Gesicht nachdenken. Der Teufel hätte das gebrauchen können um meinen Onkel zu zerstören, aber er hat es nicht als Beleidigung genommen.

Das was dich betrübt, kann vielleicht etwas ebenso verrücktes sein. Oftmals meinen Menschen nichts Schlechtes mit den Dingen die sie sagen. Wir müssen ihnen Zweifel zugunsten halten. Wenn wir wollen, dass sie uns jeden Zweifel zugunsten halten, sollten wir bereit sein, dasselbe auch für andere zu tun.

Wenn wir „ausrutschen" und irgendetwas Beleidigendes tun oder sagen hoffen wir, dass es jeder einfach vergisst. Und meistens haben wir damit Glück. Wenn jemand anderes sich eine Ausrutscher erlaubt, sind wir bereit große Forderungen an ihn zu stellen und Fehlerfreiheit zu verlangen. Das funktioniert in beide Richtungen, wenn wir darauf bestehen nicht zu vergeben wird uns nicht vergeben. Jesus sagt eindeutig:

> *Richtet nicht, und ihr werdet nicht gerichtet werden. Verurteilt nicht, und ihr werdet nicht verurteilt werden. Sprecht frei, und ihr werdet freigesprochen werden.*   Lukas 6,37

Es gibt nichts Besseres als abends seinen Kopf aufs Kissen legen zu können mit dem Wissen, das dein Herz rein ist und du, so schwierig sie auch sein können, nichts gegen deine Brüder zurückhältst. Es ist mir für einige Jahre zur Gewohnheit geworden unsere Menschen zu lehren, dass sie die Sonne nicht über ihrem Zorn untergehen lassen. Ich denke das ist eines der wichtigsten biblischen Prinzipien. Wie auch immer, es ist nur der Ausgangspunkt. Wir würden gut daran tun Ärger gar nicht erst zu beherbergen.

Wenn du dich dazu angehalten fühlst deinen Kopf herumzudrehen oder auf die Straße hinunter zu schauen, oder die Straße zu kreuzen nur um jemanden nicht zu treffen, oder wenn du dich gezwungen fühlst gerade die andere Richtung einzuschlagen, oder dich schnell selbst zu entschuldigen, hast du in deinem Herzen etwas gegen deinen Bruder und du wirst nicht die volle Salbung vom Herrn empfangen. Du wirst vielleicht von der Salbung berührt werden, denn manchmal segnet uns Gott auch in der Hoffnung, dass wir das richtige tun werden. Er segnet uns in der Hoffnung, dass seine Güte uns zur Umkehr führt. Er ist sehr gnädig, und nimmt seinen Heiligen Geist nicht von uns, weil wir andere beleidigen. Aber...er wird uns nicht seine reichste Salbung geben, wenn wir nicht sehen, dass sein großartiger Plan, sein großes Verlangen alle Menschen betrifft.

Manche Gläubige bemerken, dass sie nicht mehr so gesegnet sind wie sie einmal waren, und oft ist es einfach zu sehen warum. Jede Bitterkeit, jeder Ärger, jeder Mangel an Liebe wird die Salbung darin behindern zu fließen.

Es ist einfach Menschen einfach abzuweisen weil es zu schwierig ist mit ihnen umzugehen aber Gott will das nicht. Unser Erbe ist direkt mit dem Erbe anderer Glieder am Leib Christi verbunden. Ich kann nicht erwarten es alleine anzutreten und eine große

Belohnung zu bekommen. Meine Belohnung ist mit
der ganzen Familie verbunden. Ich muss zusehen,
wie du damit umgehst, genauso wie du dich darum
kümmern musst was ich daraus mache.

Gott wünscht sich geistliche Menschen, die sich
Golgatha als Beispiel nehmen. Golgatha zeigt Gnade
und Vergebung, und so wie Christus uns geliebt hat
und seine Liebe zu uns demonstriert hat, so sollten
wir einander lieben.

Wir würden die Menschen gern lieben, wenn sie
sich verändert haben, aber Christus hat uns geliebt
als wir noch Sünder waren; wir waren Feinde des
Kreuzes. Und trotzdem starb er für uns. Er lehrt
uns mit schwierigen Menschen umzugehen und
er wird uns helfen, wenn wir selbst nicht weiter-
wissen.

Oft bemerke ich dass ich das Lied „Ich brauch dich
mehr, Herr, mehr als je zuvor" singe. Andere singen,
„Ich brauch dich jede Stunde.". Bei manchen Freunden können wir dreißig Jahre lang warten, dass sie
sich ändern und sie ändern sich nicht, aber wenn wir
uns ändern wird das was sie tun uns nicht länger
stören. Gott beruft uns das zu tun oder wir riskieren
seine großen Verheißungen für unser Leben.

Eine Sache, die ich an der charismatischen Bewegung sehr schätze ist, dass sie sich bemüht jeden
mit einzuschließen. Während ich einen streng
pfingstlerischen Hintergrund habe achte ich die

Charismatischen für ihre Politik der Inklusion. Unser Gott schließt nicht aus; er schließt alle mit ein. Wenn irgendeine christliche Gruppe eine Ausschließlichkeit entwickelt, fließen sie nicht länger in Gottes Ordnung.

„Weil Gott die Welt so geliebt hat… ." Er schließt immer alle ein. Er streckt sich aus und findet den, der verloren ist. Er hat uns alle in seinen großen Plan der Herrlichkeit und Kraft eingeschlossen. Sein Verlangen ist, dass keiner verloren geht, sondern *„er möchte vielmehr, dass alle ´zu ihm` umkehren"*. Es ist sein Verlangen, dass keiner ausgeschlossen bleibt, sondern alle in seine Herrlichkeit kommen. Deswegen sagte der Prophet Jesaja:

> *Auf meinem ganzen heiligen Berg wird niemand mehr etwas Böses tun oder Unheil stiften, denn wie das Wasser das Meer füllt, so wird die Erde mit der Erkenntnis des Herrn erfüllt sein.*
>
> Jesaja 11,9

Apostel Petrus lehrte:

> *»Wahrhaftig«, begann Petrus, »jetzt wird mir ´erst richtig` klar, dass Gott keine Unterschiede zwischen den Menschen macht! Er fragt nicht danach, zu welchem Volk jemand gehört, son-*

dern nimmt jeden an21, der Ehrfurcht vor ihm
hat und tut, was gut und richtig ist.

Apostelgeschichte 10, 34+35

Johannes lernte in seiner Offenbarung auf der Insel
Patmos folgendes:

Die Völker werden in dem Licht leben, das von
der Stadt ausgeht, und von überall auf der Erde
werden die Könige kommen und ihren Reich-
tum in die Stadt bringen.

Offenbarung 21, 24

Ganze Nationen werden gerettet werden. Das ist
jenseits unserer Vorstellungskraft, aber Gott sagte
dass das passieren wird. Während der Erweckung
der letzten Tage, werden wir Ozeane von Menschen
sehen, die zur Verherrlichung des Vaters zum ersten
Mal Jesus Christus als ihren Herrn erklären. Wenn
du nicht darauf vorbereitet bist diese Menschen als
Mitglieder deiner Familie annehmen zu können,
dann bitte Gott, dass er dir hilft.

Kapitel VI

Hindernisse für die Einheit

„Ich von Apollos!"

Allerdings konnte ich mit euch, liebe Geschwister, nicht wie mit geistlich reifen Menschen reden. Ihr habt euch von den Vorstellungen und Wünschen eurer eigenen Natur bestimmen lassen, sodass ihr euch, was euren Glauben an Christus betrifft, wie unmündige Kinder verhalten habt. Milch habe ich euch gegeben, keine feste Nahrung, weil ihr die noch nicht vertragen konntet. Selbst heute könnt ihr sie noch nicht vertragen, denn ihr lasst euch immer noch von eurer eigenen Natur bestimmen. Oder wird euer Leben etwa vom Geist Gottes regiert, solange noch Rivalität und Streit unter euch herrschen? ˊBeweist ein solches Verhalten nicht vielmehr, dassˋ ihr euch nach dem richtet, was unter den Menschen üblich ist?

Der eine sagt: »Ich bin Anhänger von Paulus!«, der andere: »Ich von Apollos!« So reden Menschen, die Gott nicht kennen! Wer ist denn Apollos? Und wer ist Paulus? Diener sind wir, durch die ihr zum Glauben gekommen seid. Und jeder von uns hat das getan, was der Herr ihm aufgetragen hat. Ich habe gepflanzt, Apollos hat begossen, Gott aber hat das Wachstum geschenkt. Auf wen kommt es denn nun an? Doch nicht auf den, der pflanzt, oder auf den, der begießt, sondern auf den, der das Wachstum schenkt, auf Gott. Und was ist mit dem, der pflanzt, und mit dem, der begießt? Ihre Aufgaben, so unterschiedlich sie sind, dienen demselben Ziel, und beide werden ˋvon Gottˋ ihren Lohn bekommen – den Lohn, der ihrem persönlichen Einsatz entspricht.

Es ist also Gottes Werk, an dem wir miteinander arbeiten, und ihr seid Gottes Ackerfeld; ihr seid Gottes Bauwerk.   1. Korinther 3, 1-9

Momentan gibt es tausende Spaltungen der Lehre und der Denominationen in der Christenheit, die die Einheit hindern. Es scheint verrückt, aber die, die schon länger gerettet sind, sind die, die sich schwer damit tun die neuen Dinge, die Gott tut zu verstehen. Solche die einen bestimmten Hintergrund haben finden es schwer zu glauben was Gott unter den Menschen tut. Zum Beispiel war ein jüdischer Bruder aus Jerusalem erregt, als er hörte was Gott unter den Katholiken tut, und wie er verschiedene protestantische Gemeinden segnet. Als wir ihm anboten mit ihm an der Klagemauer zu beten und Gott für die Errettung der Juden zu glauben wurde er so ärgerlich, dass er aus dem Auto ausstieg und uns verließ. Trotz, dass er selbst Jude ist und Gott ihn gerettet hat, konnte er sich nicht vorstellen, wie das anderen Juden passieren sollte.

Viele, die aus der katholischen Kirche kommen finden es zum Teil fast unglaublich, dass Gott unter den Katholiken arbeitet und andere, die aus protestantischen Gemeinden stammen fällt es schwer zu glauben, dass ihre früheren Gemeinden Erweckung erfahren.

Ist das nicht verrückt? Der Heilige Geist hat in uns gearbeitet, um einen jeden von uns an den Platz seiner Herrlichkeit zu bringen, wieso finden wir es dann schwer zu glauben, dass er das mit anderen auch kann? Sind wir so viel besser als sie?

Natürlich nicht.

Die, die aus ihrer Gemeinde geworfen wurden weil sie die Freiheit im Geist wünschten, finden es schwer zu glauben, dass Gott in genau diesen Gemeinden arbeiten kann. Haben wir nicht erbeten, dass das passiert? Wenn wir Gott gebeten haben das zu tun, warum sollten wir überrascht davon

sein, dass Gott das, worum wir ihn gebeten haben
schenkt? In den Tagen der Bibel wurden oft Verfol-
ger gerettet, so wie Saulus von Tarsus total verändert
wurde. Warum sollte Gott heute begrenzt sein?

Scheinbar ist es ein Problem, das man selbst die
eigenen Gruppen zu gut kennt. Man kennt jeden
Fehler und jedes Versagen und dann fällt es schwer
zu glauben, dass sie gerettet werden könnten. Aber
diese Sichtweise ist falsch. Wir sollten nicht auf die
Gemeinde, die Menschen und ihre Fehler sehen,
sondern auf den Herrn, seine Möglichkeiten und
seine Versprechen. Warum sollten wir von allem
überrascht sein was er tut? Er ist der Gott des Un-
möglichen, also sollten wir ihn unmögliche Dinge
tun lassen.

Manche Menschen haben eine echte Leidenschaft
für Mission. Sie können in ihrem Herzen Raum
schaffen und leidenschaftlich Menschen anderer
Länder lieben. Aber wenn es um ihre Nachbarn,
oder die Mitglieder ihrer eigenen Gemeinde geht,
können sie sie nicht einfach akzeptieren. Sie kennen sie zu gut. Sie können Singen, Rufen, Tanzen
und Jubeln über das was Gott woanders tut, aber
wenn es darum geht Gott für die eigene Stadt zu
glauben ist es zu schwierig. Warum? Gott macht
keine Unterschiede. Er hat uns gerufen dieselbe
Fürsorge, dieselben Gedanken für jedes Glied am
Leib Christi zu haben.

Während wir auf dem Berg Zion in der katholischen Kirche angebetet haben, haben manche Menschen der Stadt nicht mal darüber nachgedacht zu kommen. Es tut mir leid, das zu sagen, aber in den anbrechenden Tagen des neuen Millenniums haben viele Menschen noch dieselbe beschränkte Einstellung.

In unserem Dienst in Jerusalem erreichen wir Araber, Juden, Protestanten, Katholiken, Armenier, Syrer, Orthodoxe und Griechen gleichermaßen. Manche Dienste denken von ihnen manchmal negativ. Wir versuchen alle Menschen Gottes so zu sehen, wie er sie sieht und zu bemerken, dass sie genauso Teil seines Plans der Umkehr sind, wie wir auch.

Das Kommen des Herrn ist nahe. Wollen wir es riskieren, dass er uns in Hass und Unvertrauen untereinander findet? Wollen wir es riskieren, dass er uns gespalten und gegeneinander arbeitend auffindet? Ich denke nicht.

Mein Hintergrund hat mich auf keinster Weise darauf vorbereitet allen Menschen zu dienen. Als ich in den späten 1950ern als Missionarin nach Hong Kong ging, hatte ich nie eine andere Gemeinde als Pfingstgemeinden besucht (außer zu einer Beerdigung). Ich war nie zu einem Treffen verschiedener Glaubensrichtungen, noch nie zu einem gemeinsamen ökumenischen Gebet und ich war nie in einem überkonfessionellen Treffen gewesen. Die Verän-

derung in meinem eigenem Leben kam durch das
göttliche Wirken des Heiligen Geistes in mir. Gott
kann und *will* es für jeden von uns tun, wenn wir
durch Einsicht ein Verlangen für den gesamten Leib
Christi bekommen.

Bevor ich die Meere überquerte kannte ich lediglich pfingstlerische Lieder. Gott hatte angefangen
sich in den historischen Gemeinden zu bewegen
und ich ging in dieser Bewegung auf. Seit dieser
Zeit ist mein Leben durch episkopale Lieder, durch
presbyterianische, baptistische und viele anderen
Lieder mehr bereichert wurden. Ich liebe es einige
der orthodoxen Gesänge zu singen und die Katholiken lieben die charismatischen Lieder. Dankt Gott
für das Privileg des Austauschs mit Brüdern und
Schwestern andere Gruppierungen. Alle Kinder
Gottes sind wunderbar.

Viele, die unser Camp besucht haben sind gegangen und sagten, „Wir können die Leiterschaft
dieses Camps akzeptieren aber wir können nicht
die Teilnehmer annehmen.". Was für eine Aussage!
Soweit ich sagen kann, braucht jeder der so etwas
sagt mehr von Gott. Das ist kein Kompliment für
uns. Es ist eine Kränkung Gottes.

Manchmal geht eine Frau ihren Heiratsplänen
nicht weiter nach, weil sie bemerkt, dass der Mann
den sie heiraten wird ihre Familie nicht mag. Diese
Frauen (oder auch Männer) sind weise zu bemerken

dass solche eine Beziehung nicht lange halten kann. Wenn wir jemanden lieben, sollten wir auch seine ganze Familie lieben lernen.

Manche Frauen haben das nicht beachtet als sie heirateten. Das wird oft ein Problem.Wir sind Teil einer Familie und wenn Menschen unsere Familie nicht mögen, ist es schwierig über längere Zeit eine Beziehung zu pflegen. Mein Körper ist nicht ein Finger oder eine Hand. Ich kann ihn nicht einen Teil abtrennen und erwarten, dass er weiter richtig funktioniert. Meine Hand ist Teil eines Ganzen.

Wir Pfingstler neigen dazu die zu kritisieren die ein Gebetsbuch benutzen um zu beten, aber als ich sie kennenlernte, bemerkte ich, dass sie damit auch das Herz Gottes berührten. Es ist das Herz und das sichere Verlangen das Gott antwortet.

Manche wurden gelehrt im Knien zu beten, da es der einzige Weg sei Gott zu berühren. Andere wurden gelehrt beim Beten zu stehen und ihre Hände zu erheben. Andere legen sich auf ihr Gesicht zum Beten, und das ist ok. Es gibt biblische Zeugnisse für jede Art des Gebetes.

Manche Menschen bevorzugen es in Gruppen zu beten, während andere lieber allein beten. Beides ist wunderbar. Ich liebe es beim Autofahren, im Flugzeug und während ich die Straße entlang laufe zu beten. Gott sucht nach Menschen für Gemeinschaft und Jüngerschaft und wir brauchen andere nicht richten, weil sie nicht genau wie wir beten. Leg deine leidlichen Zweifel ab und realisiere, dass Gott überall durch die verschiedensten Menschen wirkt.

In jeder großen Erweckung hat Gott eine Gruppe von Menschen zusammengerufen, die bereit waren zusammen zu arbeiten. Sie haben erkannt, dass es keinen Unterschied macht welcher Denomination man angehört. Als die Erweckung zurückging, haben diese Menschen oftmals eine neue Gruppe gebildet, da sie niemanden gefunden haben mit dem sie voll übereinstimmen konnten. Dieses Muster hat sich viele Male wiederholt und unsere Beziehung zu anderen Gläubigen verkompliziert. Ich liebe das Lied welches wir manchmal singen:

> *Es ist mir egal, welcher Kirche du angehörst,*
> *solange du für Golgatha stehst.*
> *Wenn dein Herz wie mein Herz ist,*
> *bist du mein Bruder.*
> *Dann gib mir deine Hand.*

Gott fordert uns dazu auf, unser Bewusstsein für seine Familie größer werden zu lassen und und auf das Wohlergehen der gesamten Familie achten. Das war das Gebet Jesu, sein Herz und sein Wille:

> *„Dass sie alle* EINS *sind.“*

Immer wieder wird ein amerikanischer Evangelist einen anderen öffentlich angreifen. Aber das sollte nicht sein. Warum können wir nicht weise sein wie Politiker? Wenn sie sagen können, „Es wäre nicht weise, diese Situation zu kommentieren", warum können wir nicht dasselbe sagen? Wenn der Pressebeauftragte des Präsidenten sagen kann, „Kein Kommentar" warum können wir das nicht auch lernen?

Als der Pressebeauftragte von Ronald Reagan, Larry Speaks, seine letzte Pressekonferenz gab, hat ein Journalist ihn gecovert, und ihm zu Ehren ein kurzes Lied gesungen. Es hieß: „Wie viele Varianten hast du zu sagen, ‚Kein Kommentar'? Neuntausend, neunhundert, und neunundneunzig." Wenn das die Gemeinde lernen würde, welch Gabe des Schweigens!

Wenn Menschen uns fragen, „Was denkst du über…?", denken wir immer wir müssten unsere Meinung sagen. Warum? Wir scheinen nie meinungslos zu sein. Es Zeit einige unserer Meinungen zum Altar zu bringen und sie vom Feuer verzehren zu lassen. „Kein Kommentar!" Das wäre die beste Antwort auf die meisten Fragen, die uns gestellt werden.

Ich weiß, dass es Spaß macht seine Meinung zu äußern, und schön, wenn Menschen unsere Meinung schätzen, aber Gott ist höher. Es ist der Weg der Liebe, und wir können ihn nicht gehen ohne die Hilfe dessen, der unsere Seele liebt.

Da gibt es keine andere Sünde in diesen Tagen als andere zu verletzten. Jesus sagte:

Wer aber einen von diesen gering Geachteten, die an mich glauben, zu Fall bringt, der käme noch gut weg, wenn man ihm einen Mühlstein um den Hals hängen und ihn damit in der Tiefe des Meeres versenken würde.

Matthäus 18, 6

Es ist wichtig, dass wir sehr sanft damit umgehen, und unsere Lippen davor schützen ihm zu missfallen. David betete:

Stelle eine Wache vor meinen Mund, Herr, ja, achte auf die Worte, die über meine Lippen kommen.   Psalm 141, 3

Vor einigen Jahren dachte ich, dass ich diesbezüglich sehr frei bin, da ich ja schon seit den frühen 1960ern mit Menschen gearbeitet habe, was später als charismatische Erweckung bekannt wurde. Ich hatte nicht erkannt, dass es in meinem Herzen immer noch einen Bereich der Vorurteile gab, bis …:

In Jerusalem lebte eine sehr edle Familie. Ihre Auffassung von Lehre unterschied sich sehr von unserer. Ich wollte ihnen sehr gern irgendwie helfen. Als ich von einen meiner Amerikareisen zurück nach

Jerusalem kam, bemerkte ich, dass einer unserer Hauptleute, viel mehr Zeit mit ihnen verbrachte als gewöhnlich, das ärgerte mich.

Als ich dieses Gefühl bemerkte, musste ich mich selbst hinterfragen: „Warum betrübt mich so etwas?". Ich hatte mich in dem was ich glaubte nicht verändert, um mit ihrem Standpunkt übereinzustimmen. Aber ich habe mich daran erinnert, dass es egal ist, an welcher Lehre der andere Gläubige festhält, solange ich ihn immer noch mit Gottes Liebe ermutigen kann und ihm gegenüber ein freies Herz, einen freien Blick und einen ungetrübten Geist habe.

Wenn wir bemerken, dass wir noch ungute Gefühle gegenüber anderen Gläubigen beherbergen, sollten wir sofort den Geist Gottes einladen uns ein weiteres Herz zu geben, so dass wir uns nach allen Menschen ausstrecken, und sie ermutigen können. Wenn wir mit solchen Hindernissen für die Einheit konfrontiert werden, müssen wir Gott um Gnade und Friede bitten um uns von ihnen freizusetzen.

Je mehr wir sehen, dass er völlig Unerwartetes tut, fordert Gott uns auf unsere Neigung, die zu kritisieren und zu verdammen, die wir nicht mögen abzulegen. Jesus selbst sagte:

Gott hat seinen Sohn nicht in die Welt gesandt, um sie zu verurteilen, sondern um sie durch ihn zu retten. Wer an ihn glaubt, wird nicht ver-

urteilt. Wer aber nicht glaubt, ist damit schon
verurteilt; denn der, an dessen Namen er nicht
geglaubt hat, ist Gottes eigener Sohn.

Johannes 3, 17+18

Wenn Gott Menschen nicht verdammt, wer sind
wir dann, dass wir das tun? Jesus war ein Freund
der Steuereinnehmer und der Sünder, und wahrscheinlich hätten ihn viele christliche Organisationen
deshalb gemieden. Wie begrenzt sind wir, wenn wir
über unsere Generation nachdenken! Was haben
wir für kleine Herzen! Gott hat uns aufgefordert zu
wachsen, und es ist nur seine Herrlichkeit, die diese
Veränderung in uns bewirken kann. „Von Herrlichkeit zu Herrlichkeit, verändert er mich."

Du wirst denken der letzte Erfolg in unserem
Dienst wird uns zusammenhalten, aber Erfolg
bringt nicht notwendigerweise Einheit. Tatsächlich,
scheint uns Erfolg noch mehr voneinander zu trennen. Wenn wir uns erfolgreich fühlen, meinen wir
einander nicht zu brauchen und wir erlauben uns,
uns voneinander weg treiben zu lassen.

Erfolg lässt uns eher unabhängig erscheinen, als
abhängig von einander, so wie Gott es bestimmt hat.
Es ist Zeit das Eiserne und die Runzeln zu beseitigen
und das Brautgewand anzulegen. Die Zeit ist kurz,
und es ist Gottes Stunde zu einigen.

Kapitel VII

Der Feind der Einheit

„Der Dieb kommt nur, um die Schafe zu stehlen und zu schlachten und um Verderben zu bringen!"

Der Dieb kommt nur, um die Schafe zu stehlen und zu schlachten und um Verderben zu bringen. Ich aber bin gekommen, um ihnen Leben zu bringen – Leben in ganzer Fülle.

Johannes 10, 10

Der spalterische Geist, der gegen die Gemeinde arbeitet kommt direkt aus der Hölle. Satan liebt nichts mehr, als Bruder gegen Bruder, Schwester gegen Schwester, Gemeinde gegen Gemeinde und Gemeinschaft gegen Gemeinschaft zu wenden. Er ist der *„Ankläger der Brüder"* und klagt die Menschen *„Tag und Nacht"* vor Gott an (Offenbarung 12, 10).

Wenn wir Offenbarung über die Kostbarkeit der
Einheit bekommen und wenn wir wissen wie deren
Mangel sich benachteiligend auf unsere Salbung
auswirkt, wird der Feind anfangen uns mit all seiner
Stärke zu bekämpfen. Wenn wir über Einheit sprechen und versuchen uns zur Einheit zu ermutigen,
wird er alles ausprobieren um uns wieder zurück-
zuholen. Wir müssen ihm keine Aufmerksamkeit
schenken. Wenn unser Herz vereint ist mit dem
Herrn, und wir sind dazu bestimmt unsere Herzen
mit unseren Brüdern zu vereinen, wird Gott das
anerkennen und der Feind wird derjenige sein der
sich zurückziehen muss.

Keiner von uns ist immun gegen die unaufhörli-
chen Angriffe des Feindes. Uneinigkeit ist sein Werk
und er ist gewissenhaft dabei. Immer wenn Gott uns
an einen neuen Ort seiner Salbung gebracht hat,
wenn wir an einem neuen Platz der Offenbarung
sind, wenn er uns weiter seine Herrlichkeit erlebbar
gemacht hat ist der Feind der Einheit herausgefordert, das wir nicht mit dem Schlafen gehen, was wir
empfangen haben. Er will unseren Fortschritt gleich
stoppen, bevor wir weiter gehen können, deswegen
wird er immer jemanden bereit halten, der etwas
sagt oder tut um deinen Geist anzugreifen, auf dass
er dir das stehlen kann, was Gott uns gegeben hat.

Jeder von uns muss die bewusste Entscheidung
treffen, nicht zu erlauben dass das passiert. Wenn

wir die manifeste Herrlichkeit Gottes in unserem
Leben kennen und haben wollen und wenn wir
darin leben und uns darin bewegen wollen, müssen wir dem Geist Gottes erlauben die Mauern
der Trennung aufzuheben und die Hindernisse
in der Jüngerschaft zwischen Brüdern zum Einstürzen zu bringen. Wenn wir Satan in jedem
Bereich unseres privaten und öffentlichen Lebens
besiegen wollen, müssen wir ihn im Bereich der
Jüngerschaft (oder dem Mangel der Gemeinschaft) genauso überwinden.

Als Prediger sind wir verantwortlich gegenüber
Gott, sorgsam damit umzugehen, was und wie wir
predigen, so dass wir nicht Gottes „Kleine" wis-
sentlich verletzen. Wir sind auch verantwortlich für
unsere Kanzeln und müssen Gott um Hilfe bitten,
die auszuwählen, denen wir die Möglichkeit geben
zu sprechen. Wenn Männer und Frauen streitsüchtig
sind und einen Mangel an Anerkennung für einander haben, haben sie keinen Grund auf unseren
Kanzeln zu sein.

Wenn wir einmal die Initiative ergreifen, können
wir sicher sein, das der Teufel uns so viel in den Weg
schmeißt wie er nur kann. Er hasst schon allein den
Gedanken an Einheit. Er wird jedes Extrem nutzen
um Brüder voneinander zu trennen. Aber „in Christus sind wir mehr als Überwinder" und wenn wir
die Versuchungen der Sünde überwinden, können

wir auch die Versuchungen überwinden, die uns in Uneinigkeit führen wollen.

Hinter dem, wie der Feind versucht uns zu trennen ist meistens keine Logik. Wenn wir uns mit Ehepaaren zur Seelsorge treffen, die Schwierigkeiten in ihren Beziehungen haben, klingen die Dinge, die sie verletzten und auseinander reißen völlig absurd für den Rest von uns. Seid nicht überrascht davon und schreibt diese Menschen nicht als unreif ab. Das ist die Methode mit der der Feind an uns allen arbeitet.

Wenn jemand mit dem du im Konflikt stehst dir erzählt was ihn belastet, kann es wie das dümmste klingen was du je gehört hast, vollkommen entfernt von jeglicher Logik. Erkenne, dass es die Taktik des Feindes ist und, dass er gut darin ist.

Paare, Familien, Gemeinden und Geschäftsleute trennen sich aus wirklich verrückten Gründen. Die Tatsache, dass es eigentlich nicht wert ist diese wichtige Beziehung, aus diesem Grund zu beenden zeigt uns, dass eine böse Macht am Werk ist. Das sind die Geschäfte Satans. Er liebt es zu verletzen, durcheinander zu bringen und uns zu frustrieren und es gibt keinen besseren Weg das zu erreichen, als durch die, die uns lieben.

Als ich als Teenager nach Hong Kong ging um da zu leben, war ich bei einer Missionarsfrau namens Beulah Watters. Wenn ich heute darauf zurückschaue, kann ich sagen, dass jeder der bereit ist einen Achtzehnjährigen aufzunehmen und mit ihm in einem fremden Missionsfeld zu leben eine Auszeichnung verdient. Vielmehr gehört jedem, der in einem fremden Missionsfeld einen jungen Missionar, egal welchen Alters aufnimmt die Ehre. Es ist eine großartige Sache, wenn jemand bereit ist geprüft zu werden durch neue Leute, damit sie wachsen können. Ich danke Gott, dass Beulah Watters mir die Gelegenheit gegeben hat mit ihr in Hong Kong zu leben.

Zu Beginn war ich ihr sehr dankbar, aber nach nicht allzu langer Zeit war ich von ihr auf mancherlei Weise genervt. Eins irritierte mich besonders. Beulah hatte die Angewohnheit ihren Löffel abzulecken, nachdem sie ihren Kaffee umgerührt hatte. Es war so eine kleine Sache, aber der Feind machte es so groß für mich, dass ich sie schon nur deswegen verachtet habe. Jedes Mal wenn sie ihren Kaffee umrührte, zuckte ich zusammen, in dem Wissen was als nächstes passieren würde.

Das war mein Problem, nicht ihres. Ich habe es dem Feind erlaubt mich mit etwas zu ärgern, das absolut keine Bedeutung hat.

Immer wenn ich später nach Hong Kong kam, habe ich Beulah besucht und sie mit in das Hotel der Halbinsel zum Kaffetrinken genommen, das Beste der Stadt. Dort saßen wir zusammen, hörten dem Orchester zu und tranken unseren Tee oder Kaffee

zusammen. Wenn sie ihr Getränk umgerührt hatte,
leckte sie immer noch den Löffel ab, so wie sie das
immer getan hatte. Es hat mich nicht genervt. Sie
hatte sich nicht verändert, aber ich.

Oft habe ich andere Freunde mit eingeladen um
mit uns Kaffee zu trinken, viele davon waren sehr
reich und angesehen. Manche von ihnen waren
Millionäre, aber ich schämte mich nicht für meine
Freundin Beulah Watters. Ich habe sie jedem der
Gruppe vorgestellt und sie haben sehr aufmerksam
ihren großen Missionarsgeschichten zugehört. Sie
war unser Ehrengast. Ist es nicht traurig, dass wir
solchen Kleinigkeiten erlauben uns zu beeinträchtigen?

Die Welt um uns herum ist mit Zwietracht angefüllt. Ich bin traurig, wenn ich sehe wie unsere
Politiker, besonders in Zeiten der Wahl sich öffentlich
gegeneinander wenden. Was Amerika braucht, ist,
dass alle Repräsentanten in der Öffentlichkeit zusam-
menstehen. Ein Geist der Konfrontation beherrscht
einen großen Teil unserer Kultur, und das ist nicht
gesund. Es ist nicht schwer zu verstehen. Der Meister
aller Zwietracht steht hinter allem, aber das macht es
nicht weniger traurig.

Der Zwist unter Nationen füllt die Überschriften
dieser Tage und für Beobachter ist das meistens
unfassbar. Die Wurzeln solcher Konflikte sind weit
und tief, und es braucht oft viele Jahre um sie zu lö-

sen. Wir können sicher sein, dass der Feind unserer Herzen hinter dem allem ist. Das ist sein Werk.

Während wir so etwas von der Welt erwarten können, sollte das für uns Christen nicht stimmen. Wir sind nicht von dieser Welt, sondern von einem anderen Königreich. Wir sind aus der Dunkelheit dieser Welt heraus, in das Licht des Königreichs von Gottes liebem Sohn verändert worden. Sein Königreich ist ein Königreich der Liebe und seine Liebe fließt da. Desto mehr wir den Herrn kennen, desto stärker wird sich seine Liebe in uns und durch uns für andere manifestieren. Der Unterschied zwischen dem Geist der Zwietracht der in der Welt herrscht, und der Liebe die in der Gemeinde überhandnimmt, sollte das größte Zeugnis für die Welt sein.

Der Feind will den Leib Christi ganz klar getrennt in die einzelnen Teile sehen. Er liebt es, wenn eine Hand dem Fuß nicht helfen will, oder wenn das Ohr abgeschnitten ist, weil es kein Auge ist. Kein Wunder, dass wir nicht funktionieren können! Wir sind überall zerrüttet und es gibt keine Koordination unter den individuellen Teilen, sodass sie nicht zum Guten für sich selbst zusammenwirken können.

Die Hand versucht vielleicht immer noch die Hand zu sein, aber wenn sie keinen Fuß hat, mit dem sie sich bewegen kann, kann sie nicht viel erreichen. Das erfreut unseren Feind. Er liebt es. Gott liebt Einheit

und segnet sie, während der Feind sie hasst und
alles tut um sie zu zerstören. Lasst uns als Stücke
zusammenkommen, und dann kann der Herr uns
vervollkommnen. Bis die Bruchstücke zusammen
sind, sind wir hilflos.

Für Gottes Volk sollte es nicht schwer sein einander
zu lieben. Sie sind die besten Leute in der Welt. Doch
das Werk des Feindes versucht unseren Blick auf
unsere gegenseitigen Fehler, Makel und Grenzen zu
lenken, auf dass wir nicht erkennen können, dass wir
als ein großes Volk die Gemeinde Jesu Christi sind.
Gott hat Größe in einen jeden von uns hineingelegt
und es werden keine größeren Leute gefunden, als
die Menschen Gottes. Warum haben wir dem Feind
erlaubt uns vom Gegenteil zu überzeugen?

Unser Feind ist raffiniert. Er greift uns nicht direkt
an, sondern durch Anspielungen und Andeutungen.
Es ist wichtig, dass wir lernen seine Arbeit zu iden-
tifizieren, denn wenn wir das nicht lernen, erlauben
wir ihm uns unsere Schätze im Geist zu rauben, nur
aufgrund der Eigenheiten eines Bruders. Wir haben
einen großen Schatz in der Liebe Gottes, die von
Herz zu Herz fließt, ungeachtet der Schwachheiten,
der Fehler und der Makel, die wir an anderen ent-
decken mögen.

Der Grund, warum es uns manchmal etwas extra
kostet Einheit zu erreichen, ist, dass der Feind weiß,
dass es um Gottes dringlichstes Verlangen und seine

Herrlichkeit geht, deswegen wird er alles tun, was er kann um uns in unseren Gedanken und in unserem Geist, die Herrlichkeit zu rauben, die Gott für uns bestimmt hat. Wenn wir lernen die Tricks des Feindes zu überwinden, können wir an einen Ort in Gott kommen, an dem wir noch nie vorher waren. Für mich liegt das Geheimnis zu überwinden darin, dass wir erkennen, dass es nicht die Person ist, die uns in diesem Moment nervt und uns angreift, sondern, dass es der Teufel selbst ist. Das raubt ihm seinen Erfolg und macht seinem subtilen Handeln ein Ende.

In jedem von uns gibt es etwas Unbefriedigendes und wenn das nicht sofort offensichtlich ist, wird es der Feind offensichtlich machen. Er ist Meister darin Fehler zu Vergrößern, eine Mücke zu nehmen und daraus einen Elefanten zu machen. Es ist seine Intention uns zuhause und mit unseren Brüdern unsere Einheit zu rauben, und er wird dazu jeden Trick nutzen. Wir sind gerufen ihm zu widerstehen, sodass das Verlangen des Herzen Jesu, dass sein Volk *„eins"* wird, verwirklicht werden kann.

Der Feind unserer Seele weiß wie wichtig gesunde Beziehungen mit unseren Brüdern und Schwestern für uns sind, also greift er die auf sehr raffinierte Weisen an. Nimm es nicht persönlich. Er tut was er tun muss.

Satan ist nicht unser gemeinsamer Schrei nach Einheit. Es ist traurig. Für mich ist es traurig darüber nachzudenken, dass wir uns nur zusammen tun können, wenn wir uns auf unseren Feind konzentrieren. Er sollte nie unser Fokus sein. Wir sollten uns vereinigen, weil wir einen gemeinsamen Herrn und Retter, einen gemeinsamen himmlischen Vater haben.

Als Jesus betete, dass seine Jünger eins sein mögen, hat er Satan nicht einmal erwähnt. Er sagte, dass wir eins sein sollen, weil er und der Vater eins sind, und nicht aus irgendeinem anderen Grund. Wir sind eins wegen der Anziehungskraft nach oben, nicht wegen dem Sog nach außen oder nach unten.

Jeder kann sich auf die Umstände des Lebens ausrichten und gut reagieren wenn Schwierigkeiten kommen, aber der Herr will, dass sein Werk in unserem Geist getan wird, nicht wegen äußerer Einflüsse, sondern auf Grund der Herrlichkeit seiner Gegenwart. Er bietet uns Einheit an, und es gefällt ihm nicht, wenn diese Einheit nur durch irgendwelche anderen Umstände kommt. Unsere Einheit muss auf ihm, und auf ihm allein basieren.

Wie kannst du die Versuche Satans deine Beziehungen, zu deinen Brüdern und Schwestern in Christus zu zerstören überwinden? Steh auf gegen den Feind und sage, „Du hast kein Recht meine

Freude, die ich durch meine Beziehungen habe zu zerstören. Das ist meine Stärke. Ich lasse sie mir nicht von dir wegnehmen. Ich werde für das kämpfen was mir gehört.". Sei hartnäckig. Lass ihn wissen, dass du dafür bestimmt bist, das nicht zuzulassen.

Teil III

Wie kann Einheit erreicht werden?

Kapitel VIII

In die Herrlichkeit hineinkommen

„Ich werde dann alle zu mir ziehen!"

Ich aber werde über die Erde erhöht werden und werde dann alle zu mir ziehen.

Johannes 12, 32

Wie können wir den Blick von den Fehlern und Schwachheiten der anderen weglenken? Wie können wir unsere unterschiedlichen Lehrmeinungen und unsere unterschiedlichen Denominationen vergessen? Es gibt nur einen Weg. Jeder von uns muss sich auf Jesus ausrichten. Wenn nicht, gibt es keine Hoffnung Einheit je zu erreichen.

Jesus erzählte der Frau am Brunnen:

Aber die Zeit kommt, ja sie ist schon da, wo Menschen Gott als den Vater anbeten werden, Menschen, die vom Geist erfüllt sind und die

Wahrheit erkannt haben. Das sind die wahren
Anbeter; so möchte der Vater die haben, die ihn
anbeten. Gott ist Geist, und die, die ihn anbeten
wollen, müssen ihn im Geist und in der Wahr-
heit anbeten.   Johannes 4, 23+24

Wenn jeder von uns auf Jesus ausgerichtet wäre,
wäre das Problem gelöst. Gottes Herrlichkeit kommt
wenn wir ihn anbeten, und wenn die Herrlichkeit
Gottes kommt, bringt sie Einheit unter die Brüder.
Diskussionen am Runden Tisch werden das Problem nicht lösen; nur die Herrlichkeit kann das. Zu
versuchen die Dinge aus der Sicht unseres Bruders
zu sehen wird nichts verändern; nur wenn wir von
Herrlichkeit umgeben sind.

Wenn Gottes Herrlichkeit da ist, vergessen wir,
dass wir Baptisten, Methodisten oder Pfingstler
sind, oder zu welcher Gruppe von Pfingstlern oder
Charismatischen wir gehören. Wir vergessen auch
all die anderen Unterschiede.

So, wie durch die Herrlichkeit die Welt und unsere
eigenen persönlichen Probleme und Bedürfnisse und
der Lärm und die Aufregung um uns herum an Bedeutung verlieren, so sorgt sie auch dafür, dass wir
nicht mehr darauf achten, wie sich unser Sitznach-
bar von uns unterscheidet. Wenn die Herrlichkeit
kommt, sind wir mit dem Herrn in einen Kokon
eingesponnen und total auf ihn ausgerichtet. In

diesem Moment der Herrlichkeit, können wir, auch wenn wir es wollten, nicht mal an unterschiedliche Lehrmeinungen denken. Wir können uns nicht mehr an die Dinge die uns nerven, ihre Gewohnheiten und was sie glauben erinnern.

Da wir nun wissen, dass es die Herrlichkeit ist, die uns eins macht mit Christus und miteinander, müssen wir nur noch lernen, wie wir öfter in die Herrlichkeit hineinkommen können, und länger darin bleiben können. Wir gehen zu viel raus und rein.

Wenn wir zu beschäftigt sind mit unserem Gemeindeprogramm dann weicht Gottes Herrlichkeit. Wenn wir zu sehr damit verwickelt sind, uns um die Schafe zu sorgen, weicht Gottes Herrlichkeit. Immer wenn wir den Fokus auf ihn verlieren, nimmt seine Herrlichkeit ab oder verschwindet. Das ist der Punkt an dem wieder persönliche Konflikte auftreten. Wir können solange in Einheit miteinander leben wie Gott und seine Herrlichkeit in unserem Fokus liegen.

Viele von uns haben nicht gut genug gelernt, wie sie in der Herrlichkeit Gottes bleiben, ein Herrlichkeitsbad nehmen, und wie sie in Gottes Herrlichkeit stehen und sich verändern lassen können – *„von Herrlichkeit zu Herrlichkeit"*:

Ja, wir alle sehen mit unverhülltem Gesicht die Herrlichkeit des Herrn. Wir sehen sie wie in einem Spiegel, und indem wir das Ebenbild des Herrn anschauen, wird unser ganzes Wesen so umgestaltet, dass wir ihm immer ähnlicher werden und immer mehr Anteil an seiner Herrlichkeit bekommen. Diese Umgestaltung ist das Werk des Herrn; sie ist das Werk seines Geistes.

2. Korinther 3, 18

Wir haben schon Gemeindespaltungen erlebt, weil die Herrlichkeit Gottes wich, und ein Wort in falscher Weise gesagt wurde. Es ist etwas furchtbar verkehrt wenn so etwas passiert. Es ist ein Indikator dafür, dass wir nicht gelernt haben Christi Werk in den Anderen anzuerkennen und wie wichtig es ist uns nach Einheit zu sehnen.

Setzt Einheit Einigkeit über jeden Punkt der Lehre voraus? Natürlich nicht. Übereinstimmung in jedem Punkt der Lehre ist unmöglich. Es wird zu unseren Lebzeiten nie passieren. Und trotz aller Lehrunterschiede kommt Einheit unter uns, wenn wir uns auf den Herrn ausrichten und ihn anbeten. Wenn wir in Jesu Gesicht sehen, denken wir nicht über Lehre nach. Wir sind nur damit beschäftigt, wie wir ihn besser anbeten können.

Manche Dinge über die wir so betrübt sind, spielen im Licht der Ewigkeit einfach keine Rolle. Wichtig ist es die ewige Herrlichkeit zu erleben, verändert zu werden, und dann anderen zu helfen sich verändern zu lassen. So viele Dinge die uns belästigt haben verlieren ihre Bedeutung, wenn wir einmal mit der Ewigkeit in Berührung gekommen sind.

Oft kommt durch Konflikte über Lehrinhalte ein Geist der Schwere auf uns. Es ist Zeit diese Schwere abzulegen und das Gewand der Anbetung anzuziehen. Warum lässt dich der Feind durch etwas erdrücken? Das einzige Gewicht, das wir in diesen Tagen fühlen wollen ist das *„Gewicht der Herrlichkeit"*. Wir brauchen uns nicht von irgendetwas anderem zurückhalten zu lassen. Lass dein Gefäß mit dem Dunst der Herrlichkeit Gottes füllen, nicht mit der Verbitterung durch Debatten.

In seinem Gebet sagte Jesus:

> *Vater, ich will, dass die, die du mir gegeben hast, dort sind, wo ich bin. Sie sollen bei mir sein, damit sie meine Herrlichkeit sehen – die Herrlichkeit, die du mir gabst, weil du mich schon vor der Erschaffung der Welt geliebt hast.*
>
> Johannes 17, 24

Unser höchstes Ziel ist es, die Ewigkeit mit Gott im Himmel zu verbringen, aber das ist nicht das, was Jesus hier meint. Er möchte, dass wir schon bevor wir in den Himmel kommen in dem Bereich seiner Herrlichkeit und seiner Gegenwart leben. Mit ihm zu sein, bedeutet seinen Herzschlag zu spüren und den Sachen Bedeutung zu verleihen, die ihm wichtig sind.

Er steht genau über dir und sein ewiges Horn ist angefüllt. Das Öl ist da, und es ist gerade dabei auf dich zu kommen. Hör auf den Fluss von dem Öl der Herrlichkeit Gottes durch törichte Sachen zu beeinträchtigen. Räume die Dinge weg, die verhindern wollen, dass die Herrlichkeit auf dich fällt. Lass es einfach herunterkommen. Steh darin. Freu dich daran. Bade darin. Lass dich verändern. Lass dich freisetzen. Werde „*eins*" mit deinen Brüdern, durch den Fluss der Herrlichkeit Gottes.

Einfach zusammen zu sein, meint nicht unbedingt, in Einheit zu sein. Wir können alle das gleiche Lied singen und denselben Tanz tanzen, aber trotzdem weit davon entfernt sein in Einheit zu sein. Wenn das so ist, kann Gott uns nicht so segnen, wie es sein Verlangen ist. Es ist das Geheimnis zusammen in der Herrlichkeit zu sein.

Die meisten Menschen erfahren die Herrlichkeit die Einheit bringt, wenn sie ein kraftvolles prophetisches Wort bekommen. Wenn Gott direkt zu ihnen spricht und sie sich der neuen Berührung der Herrlichkeit, die auf ihr Leben kommt bewusst sind, setzt ein Schmelzprozess ein. Berge schmelzen durch die Gegenwart Gottes plötzlich dahin – ganz zu schweigen von all den kleineren Hügeln. Im

Nachglanz dieses Momentes fühlen sie sich völlig frei von jeder Verdammnis durch ihre Brüder. Oh wenn dieses Gefühl länger anhalten würde!

Komm in die Herrlichkeit und wisse, dass die Einheit sie bringt.

Kapitel IX

Hör auf von anderen zu erwarten sie seien perfekt

„Lebe so, wie es mir gefällt![1]"

Als Abram 99 Jahre alt war, erschien ihm der Herr und sprach: „Ich bin Gott, der Allmächtige; diene mir treu und lebe so, wie es mir gefällt."   1. Mose 17, 1

Keiner von uns ist schon perfekt. Ich weiß, dass Gott Abraham aufgefordert hat, perfekt vor ihm zu sein, und wir sind ebenfalls aufgefordert nach Vollkommenheit zu streben, aber wir alle wissen, dass wir im Moment noch weit davon entfernt sind, und Gott noch viel in uns bewirken muss. Er ist noch nicht fertig mit uns. Er ist immer noch am Werk in

---

1 Im Original: „Be Thou Perfect!" Was übersetzt so viel heißt, wie „sei perfekt!".

uns, also verzweifle nicht. Wir werden Vollkommenheit erreichen. Und sein Verlangen ist es, dass wir in der Zwischenzeit einander lieben lernen – so unvollkommen wie wir sein mögen.

Ich kann mir vorstellen, dass jemand fragt, „Aber denkst du nicht, dass es viel leichter war mit den Heiligen des Alten Testamentes jeden Tag zurecht zu kommen?". Nein, ich denke nicht, dass das so ist. Diese Männer und Frauen mögen zwar Heldentaten vollbracht haben, aber das bedeutet ja nicht, dass sie nicht auch ihre Eigenarten hatten, und dass manche von ihnen morgens auch mal mit dem falschen Bein aus dem Bett aufgestanden sind, so wie du und ich. Sie waren alle Menschen, und Menschen sind nicht vollkommen.

Als Teenager habe ich große Missionare von überall getroffen und mein Herz war herausgefordert. Am Altar unseres Camps gab mir Gott Liebe für die Chinesen. Es passierte in einem Moment. Es war übernatürlich und lebensverändernd und es ist auch heute immer noch in mir. Ich fühlte mich wie viele andere aufgefordert meine Eltern und mein Heimatland zu verlassen um den chinesischen Menschen zu dienen.

Es ist ein Unterschied, ob wir die Menschen, zu denen wir berufen sind im Fleisch begegnen, oder der Heilige Geist uns eine Last für diese Menschen gegeben hat. Wir finden heraus, dass es nicht immer gutsituierte Leute sind. Ihre Kultur und ihre Gewohnheiten sind anders. Sie werden vielleicht Dinge tun, die wir noch nie gesehen haben, und manche mögen uns brüde und „unzivilisiert" erscheinen.

Sie denken auch nicht wie wir denken. Wir denken, dass jeder so denkt wie Leute aus Virginia in North Carolina oder wie die Leute aus unserer Heimat. Aber das tun sie nicht. Menschen auf der ganzen Welt haben ihre eigene Art zu denken, und die unterscheidet sich oft total von unserer.

Das verletzt uns oft und plötzlich gehen uns genau die Menschen auf die Nerven, die wir lieben und derentwegen wir alles zurückgelassen haben um in ihr Land zu kommen und unser Leben für sie hinzugeben, und wir bemerken dann, dass wir angefangen haben sie zu hassen. Ich habe in vielen Ländern gesehen, wie sich dieses Muster immer wieder entwickelt. Gott muss dann häufig Erweckung für die Missionare senden, damit sie neue Liebe für die Menschen bekommen, wegen derer sie ausgesandt sind, eben weil sie nicht leicht zu lieben sind. Sie sind weit davon entfernt perfekt zu sein.

Das passiert auch auf unserem Campgelände in Ashland, Virginia. Wenn Besucher zum ersten Mal kommen, sind sie so beeindruckt von denen, die dienen, die Anbetung leiten, die treu ihre Instrumente spielen, den Technikern für Musik und Kameras, und denen die sprechen. Sie sagen, „Oh wie ich das liebe Bruder! Diese Art die Lieder zu leiten ist besonders. Er ist so beschenkt von Gott.". Nach einer Woche im Camp, wenn sie neben demselben Bruder spülen, verändert sich die Sicht auf den Bruder. Das was er tut, beeinflusst sie jetzt in falscher Weise. Das was sie fühlten, als er auf der Plattform die Anbetung leitete, ist vollkommen anders, als was sie jetzt empfinden, während sie mit ihm zusammen den Abwasch machen oder den Rasen mähen.

Wenn wir nicht vorsichtig sind, kann uns der Feind wegen der Eigenarten unseres Bruders einfach der Schätze unserer Freundschaft und gemeinsamer Nachfolge berauben. Gott ist der einzigst vollkommene den ich getroffen habe, und er hat mir befohlen meine Brüder zu lieben – trotz ihrer Unvollkommenheit. Liebe muss von Herz zu Herz fließen, unabhängig von den Schwachheiten, Schwachstellen und Fehlern der anderen.

Ich weiß, dass einige Menschen extrem verrückt sind und sehr merkwürdige Ideen haben, aber wenn Jesus sie liebt, kann ich das auch. Wenn Jesus für sie starb, kann ich mich wenigstens danach ausstrecken sie als meine Brüder zu ermutigen. Gottes Geist wurde uns nicht gegeben, weil wir schon perfekt waren, sondern um das Werk der Vollkommenheit in uns zu tun. Hör auf von Anderen Vollkommenheit zu erwarten, sondern gib ihnen Zeit um zu reifen.

Viele unserer Brüder sind in demselben Prozess der geistlichen Entwicklung wie wir. Sie mögen sich auf anderen Stufen befinden, und sie werden vielleicht etwas glauben oder tun, was für uns dumm oder unnötig erscheint. Aber es gibt auch immer Dinge, die wir glauben oder tun, die für sie dumm oder unnötig erscheinen. Wir denken sie sind verrückt, aber vielleicht denken sie genau dasselbe von uns. Sie sind noch nicht perfekt, aber wir auch nicht, und wenn wir darauf warten uns die Hände zu reichen, wenn wir dann vollkommene Menschen sind, werden wir sehr lange warten.

Manche unserer Brüder verstehen vielleicht noch nicht die gesamte biblische Lehre. Das ist normal. Der Geist Gottes wurde uns gegeben, um uns in alle Wahrheit zu leiten, nicht, weil wir alles schon verstehen. Während unsere Brüder noch nicht alle Wahrheiten verstehen, tun wir das auch nicht. Wenn Gott bis hierhin treu war, uns zu lehren, wird er nicht auch treu sein jemanden anderen zu lehren?

Höre den Ruf Jesu: *„Dass sie alle EINS sind!"*. Gott wird seinen Segen auf uns befehlen, wenn wir dazu beitragen Einheit zu erreichen – auch mit denen, die anders sind, und denen die weit davon entfernt sind perfekt zu sein.

Manchmal warten wir bis die Leute verändert sind bevor wir sie schätzen. Gott wünscht sich, dass wir

in der Lage sind sie – in ihrer Unvollkommenheit –
zu erreichen und sie mit seiner Liebe zu ermutigen.
So hat er uns geliebt:

> *Gott hingegen beweist uns seine Liebe dadurch,*
> *dass Christus für uns starb, als wir noch Sün-*
> *der waren.*   Römer 5, 8

Gott hat dich schon geliebt, bevor du den Weg
zur Vollkommenheit überhaupt erst betreten hast.
Solltest du nicht die lieben, die sich auch auf dieser
Reise befinden?

Kapitel X

Erlaubt nicht, dass Lehre euch trennt

„Lebt mit allen Menschen in Frieden"

Wenn es möglich ist und soweit es an euch liegt, lebt mit allen Menschen in Frieden.

Römer 12, 18

Das was wir glauben wird oft zur Grundlage dessen, was uns von anderen Brüdern trennt. Unser Glaube, und unsere spezielle Sichtweise in Fragen der Lehre sind oft der Grund, dass wir uns verschiedenen Denominationen zuordnen. Nur weil es schwierig ist, etwas gegen Glauben zu sagen, muss nicht das was wir glauben zum Werkzeug von Satans Verlangen für die Gemeinde werden.

Auch wenn andere nicht exakt dasselbe glauben wie wir selbst können wir zusammen für seine Herrlichkeit arbeiten, wenn sie an das kostbare Blut Jesu glauben, und unseren Herrn lieben. Wir werden

viele Punkte finden, in denen Leute etwas anderes glauben, aber in jeder großen Erweckung hat
Gott sehr unterschiedliche Leute durch den Geist
an einen Ort zusammengebracht an dem sie ihn
gemeinsam anbeten konnten und zusammen die
Ernte in seinem Feld einbringen konnten. Manchmal unterscheidet sich das was wir glauben gar
nicht so sehr wie wir denken. Leute verwenden
verschiedene Terminologien unterschiedlich,
weil sie unterschiedliche Hintergründe haben
und daher auch ein anderes Verständnis für die
Bedeutung der Worte. Du kannst dich mit ihnen
über Lehre streiten, aber das wird die Situation
nur verschlimmern und den Bruch vergrößern.
Unsere beständigen Diskussionen über einzelne
Punkte der Lehre betrüben das Herz des Vaters.
Es ist sein Wille, dass wir uns nicht durch Lehre
trennen lassen.

Was sollten wir tun, wenn Menschen anfangen
sich über die Glaubenslehre zu streiten? Wir sollten
Profis darin werden das Thema zu wechseln. Jedem
eine Tasse Tee anbieten. Jedem den tollen Ausblick
auf den Berg aus dem Fenster zeigen. Tu etwas,
um die Aufmerksamkeit der Leute abzulenken von
der potentiellen Streitfrage. Wenn du dir Einheit
wünschst, wirst du das lernen. Da ich viele Jahre
lang in Jerusalem gelebt habe, habe ich mir ange-
wöhnt das Gesprächsthema zu wechseln, wenn viele

Leute verschiedener Sichtweisen zusammen waren um den Frieden zu wahren.

Es gibt Christen, die als Leute der reinen Lehre und der unfehlbaren Lehre bekannt sein wollen, und es scheint hart, das zu kritisieren. Aber wie auch immer, wenn wir auf Kosten der Nachfolge auf die Reinheit der Lehre bestehen, schaden wir dem Leib Christi und verletzten Gottes Herz. Am Ende würden wir zwar vielleicht Recht haben im Bezug auf die Lehre, aber wir tun das Falsche, denn wir verletzen unsere Brüder und die Herrlichkeit Gottes, die desto stärker kommt, desto größer die Einheit ist, wird nicht über uns kommen.

Es ist egal, wer recht hat und wer eben nicht. Wenn der Streit vorbei ist vergessen wir gewöhnlich was der eigentlich Grund dafür war. Was übrigbleibt ist das Gefühl von Verlust und Schmerz.

Wenn wir unsere Meinungsverschiedenheiten vergessen und mit dem Heiligen Geist zusammenarbeiten, wird innerhalb eines Moments, jede Verletzung, jede Wunde und alles was uns voneinander getrennt hat weggewaschen. Wir sind der Leib Christi. Wir dürfen nicht erlauben, dass uns irgendetwas trennt.

Als Gott vor vielen Jahren begann seinen Geist über die verschiedenen Denominationen auszugießen, lehnten sich manche Pfingstler (die diese Segnung schon über Jahre hinweg genossen haben) mit einer Einstellung wie die Pharisäer damals zurück und sagten, „Wenn Gott Erweckung senden will, wird er es hier tun und nirgendwo anders.". Aber Gott tut es wo und wann er will. Er gießt seinen Geist auf die Hungrigen aus, nicht auf die, die die richtige Lehre haben. Sein Wort erklärt:

Die ganze Erde wird die Herrlichkeit des Herrn erkennen und davon erfüllt sein, so wie Wasser das ganze Meer füllt.   Habakuk 2, 14

Keiner hat das Copyright an Gottes Herrlichkeit. Sein Geist wird überall auf die die Durst haben ausgegossen werden. Hör auf, diese Wahrheit zu verneinen und werde Teil der Streitmacht Gottes.

Christen, die nicht so viel über die Bibel wissen, sind oft offener für Einheit mit allen Gliedern am Leib Christi als andere. Wenn wir nur ein paar Verse der Schrift kennen, haben wir einen offenen und liebenden Geist. Wir verstehen dann, dass jeder gerettet werden kann weil Gott uns liebt und uns verändert hat. Wir haben einen sehr einfachen Glauben. Wir legen den Kranken Hände auf und es geschehen Wunder.

Je mehr Wahrheiten der Bibel wir lernen, desto größer ist die Gefahr, dass wir unseren Geist für diejenigen verschließen, die nicht so viel wissen wie wir. Wir fühlen uns überlegen und übernehmen auf irgendeine Art die Lüge des Feindes, dass wir irgendwie besser sind und Gott uns mehr liebt, da wir die Bibel besser kennen als andere. Menschen die in diese Falle getreten sind, verlieren die Einfachheit ihrer Freude und ihrer ersten Liebe und sind nicht mehr so angenehm wie vorher. Das ist eine Tragödie!

Wenn wir unseren Kopf mit Doktrin füllen ist nicht so viel von Gott in unserem Geist. Das sollte nicht so sein!

Nach einer Weile beginnen wir sorgfältig darauf zu achten, ob sie die Anforderungen Gottes (beziehungsweise was wir als Anforderung halten) erfüllen, anstatt das wir uns nach ihnen auszustrecken. Anstatt im Geist zu fließen, liegen wir schnell im Clinch mit den Sichtweisen unserer Brüder. Möge Gott uns helfen!

Die Einheit kommt durch den Geist. Sie hat nichts mit Lehre zu tun. Ich kann mit Leuten in Jüngerschaft sein, die die Endzeiten nicht so sehen wie ich, und ich kann sie lieben und ihnen dienen. Jeder von uns liebt den Herrn und ist darauf bedacht IHN anzubeten, und das ist das Wichtige. Wir müssen nicht über jedes Detail der Zukunft sein in Übereinstimmung sein, um seine Gegenwart gemeinsam genießen zu können.

Ich mache mir keine Gedanken, welches, oder ob jemand ein Label einer Denomination trägt. Gottes Verlangen ist es ein Volk zu haben, das stark ist im

Geist. Das ist unser Familienerbe. Wenn wir das verpassen, müssen wir den Herrn bitten diese Größe wieder in uns hineinzulegen. Diese Größe ist die Herrlichkeit die er mit dem Vater hat und in der sie mit uns sein wollen.

Vor vielen Jahren haben wir es uns zur Strategie gemacht, die Menschen die uns in Jerusalem besuchen und mit uns anbeten nicht zu fragen zu welcher Denomination sie gehören. Zum Teil wussten wir es dann aus Unterhaltung woher sie kommen, aber wir haben es uns nie zum Ziel gesetzt. Das ist nicht wichtig für Gott.

Wir sind neugierig aus welchem Land, und aus welcher Stadt die Menschen kommen, aber die Denomination war für uns und Gott einfach bedeutungslos. Er zerbricht Hindernisse zwischen den verschiedenen Glaubensrichtungen und vereint uns im Geist. Sein Salböl lässt uns *„zusammen sitzen an himmlischen Orten"*[1] ohne darüber frustriert zu sein, dass wir zusammen sitzen „müssen" und ohne, dass wir erregt darüber sind mit ihnen im selben Raum zu sein.

Menschliche Beziehungen sind kompliziert und manche Menschen können einfach nicht miteinander in einem Haus leben, und nicht im gleichen Zimmer allein gelassen werden, aber Gott kann das Schwierige und das Unmögliche tun. Er hat ein Öl, das jede Verletzung lindern kann. Es kann jeden gestressten

---

1 Siehe Epheser 2,6

Nerv entspannen. Es kann jede kaputte Beziehung heilen. Gottes Geist kann uns eins machen.

Es ist dieses heilige Salböl, das uns an den Ort bringt, an dem wir gemeinsam in der Einheit des Geistes Gottes fließen können. Wir können danach streben und nichts wird passieren, aber wenn wir gemeinsam den Herrn anbeten, bringt Gott seine Herrlichkeit inmitten der Versammlung hervor.

Wir sind alle Glieder am Leib Christi. Lasst den Heiligen Geist diese Wahrheit in unseren Herzen bestätigen. Diese Wahrheit ist kraftvoll und bringt große Freiheit und Freisetzung.

In der Erweckung der Fünfziger und Sechziger wurde Demos Shakarian, ein kalifornischer Milchmann, von Gott auf einzigartige Weise gebraucht, um eine Organisation von Geschäftsleuten zu gründen: die *Full Gospel Business Men Fellowship International*[2]. Diese Organisation überschritt nicht nur in den USA sondern auch auf der ganzen Welt alle Grenzen und Hindernisse zwischen verschiedenen Glaubensrichtungen. Unter dem Banner der Liebe versuchen Geschäftsleute andere Geschäftsleute zu erreichen, um eine Offenbarung über Jesus als den Retter und Täufer im Heiligen Geist weiterzugeben. Was für eine Herrlichkeit, die in diesen Treffen sicht-

---

2 Im deutschsprachigen Raum unter der *Internationalen Vereinigung der Geschäftsleute des vollen Evangeliums (kurz GdvE)* bekannt.

bar wurde als Mauern der Denominationen fielen und Menschen von verschiedenen Hintergründen eins wurden im Geist!

Genauso wurde mein späterer Freund David DuPlessis gebraucht um zum ökumenischen Rat der Kirchen zu gehen und die Gemeindeleiter mit der Taufe des Heiligen Geistes bekannt zu machen. Er wurde außerdem von Gott zum Ökumenischen Rat des Vatikans in Rom gesandt um die pfingstlerische Bewegung zu beobachten. Beide Aktionen wurden von vielen Christen fast schon als ketzerisch angesehen, aber Gott hat diese Männer gebraucht als „Maurer, (der) [die] die Risse ausbesser(t)[n]" und als solche, die „Ruinen wieder bewohnbar machen".[3]

Wenn wir wirklich den Wunsch haben, das sich Epheser 4, 16[4] erfüllt, wird die Kraft des Heiligen Geistes gegenwärtig sein, um sein Werk in uns zu tun. Es ist nichts was wir selbst vollbringen müssten, noch etwas, das wir selbst tun *könnten*, aber er wird es in uns tun.

Wenn wir das als den Willen Gottes erkennen und danach Streben es in Realität zu bringen, gehört uns dieses wunderbare Versprechen.

3 Vgl. Jesaja 58, 12.
4 Epheser 4, 16:
Durch ihn wird der ganze Leib zu einer Einheit. Und jeder Teil erfüllt seine besondere Aufgabe und trägt zum Wachstum der anderen bei, sodass der ganze Leib gesund ist und wächst und von Liebe erfüllt ist.

Ich versichere euch: Wenn ihr dann den Vater in meinem Namen um etwas bittet, wird er es euch geben.[5]

Alles worum es im Leben Jesu geht ist die Hindernisse in der Beziehung zwischen Gott und den Menschen zu überwinden. Und es hinterlässt eine Freude und eine Fruchtbarkeit und wird durch die Liebe Gottes, die in unsere Herzen gepflanzt ist multipliziert.

Wir können es nicht in uns selbst bewirken, aber danke Gott für seine Gnade. Wir alle kommen in Umstände in denen wir sagen „Ein bisschen mehr Gnade, Herr. Hilf mir Jesus. Ein bisschen mehr Gnade, Herr. Mehr von deiner Herrlichkeit.". Wir haben es nicht geschafft, aber wir pressen uns hindurch zu dem hohen Preis, zu dem Gott uns in Jesus Christus berufen hat.

Wenn wir Unterschieden in der Lehre erlauben uns anzugreifen, spielt es keine Rolle, ob wir richtig und die anderen falsch liegen. Wir haben niemals Recht wenn unser Geist aufgebracht ist. Der Grund mag vielleicht richtig sein, aber die Gefühle, die wir in uns erlauben werden unsere Herzen abhalten in seinen Augen rein zu sein. Wie kann Liebe aus einem bitteren Geist fließen?

Viele der leidlichen Streitfragen in die wir verwickelt werden, sind nicht mehr als „aufgeblasenes Gekeife" soweit es das Königreich Gottes betrifft.

---

5 Vgl. Johannes 16, 23.

Es ist sehr gut möglich, dass ein bestimmter Bruder die Wassertaufe nicht so wie wir erlebt hat, aber wenn wir dasselbe Herz haben, wer sind wir dann ihn zu richten? Er liebt Jesus vielleicht genauso stark wie wir, aber möglicherweise wurde er nicht gelehrt, und er hat nicht dieselbe Offenbarung in Bezug auf die Wassertaufe bekommen. Das macht ihn nicht schlechter als andere. Erlaubt diesen kleinen Dingen nicht länger euch zu trennen.

Der Bruder, von dem du meinst, er hätte die falsche Lehre, mag vielleicht in anderen Dingen viel weiter sein als du, und sicher auch die Mängel in deinem Christenleben sehen. Bete, dass er geduldig mit dir ist und dir Zeit gibt zu wachsen und sei achtsam, dass du das mit ihm auch tust.

Wenn Gott das Leben irgendeiner Person berührt hat – wer bist du um das zu hinterfragen? Wenn du die Person nicht achten kannst, dann achte Gott im Leben der Person. Schätze das Werk von Golgatha, das diesem Menschen die Möglichkeit gegeben hat Errettung zu beanspruchen, und lasse dich nicht davon abhalten, dich nach ihm auszustrecken und ihn im Herrn zu ermutigen.

Ich höre Menschen oft sagen, „Ich hätte kein Problem mit ihm gemeinsam nachzufolgen, wenn er nicht diese furchtbare Lehre hätte.". Vergiss seine Lehre. Einige meiner besten Freunde haben eine unglaubliche Lehre. Gott verändert sie, und in der Zwischenzeit verändert er mich und macht mich willig, meine Freunde zu genießen während dem sie verändert werden.

Einheit ist nicht intellektuell; es kommt nicht auf intellektuelle Übereinstimmung an; Einheit ist übernatürlich und ist ganz allein abhängig von der Herrlichkeit Gottes. Lerne die zu lieben, die eine andere Meinung zu Lehrfragen haben als du. Wenn wir in der Herrlichkeit sind machen wir uns nicht länger Gedanken darüber was unser Bruder glaubt. Wir scheinen uns oft mehr Gedanken über die Details zu machen als Gott. Gib dem Geist die Freiheit zu regieren indem er alle Streitigkeiten um die Lehre zur Seite nimmt.

Wenn wir alle gemeinsam den Herrn anbeten, ist das eine wunderbare Salbung und wir empfinden große Liebe füreinander. So schnell, wie wir anfangen biblisch zu lehren, sind wir auch im Ärger miteinander. Es geht nicht darum, biblische Lehre zu vermeiden, aber die Bibel lehrt uns klar, Dinge zu vermeiden, von denen wir wissen, dass sie Spaltung hervorrufen:

Mit törichten Spekulationen hingegen, die nur von Unverstand zeugen, gib dich nicht ab. Du weißt ja, dass sie zu nichts anderem führen als zu Streitigkeiten. 2. Timotheus 2, 23

Einheit heißt nicht in gleicher Weise zu denken, oder Übereinstimmung in Streitfragen zu erreichen. Einheit reflektiert unsere Liebe für den Herrn und unsere Zugehörigkeit zu seiner Familie. Es ist die eine Sache, sich um einen Tisch zu setzen und Sichtweisen zu diskutieren und eine andere, Gott in den Tiefen unseres Geistes seine Liebe wirken zu lassen. Ohne dieses Wunder, sind die Gespräche oft kontraproduktiv. Es dient dann nur dazu unsere Verschiedenheiten hervorzuheben.

Die Frage der Heiligung, ist eine, die viele Brüder und Schwestern trennt. Alles was ich weiß, ist das Paulus schrieb *„Ich sehe täglich dem Tod ins Auge"* (1. Korinther 15, 31). Je mehr und mehr ich in den Geist gehe, verschwindet mein Fleisch und der Charakter unseres Herrn tritt in mir hervor. Ich werde alle theologischen Auseinandersetzungen, denen überlassen, die solche Diskussionen lieben. Ich will mich auf Jesus und die Erweckung in den letzten Tagen konzentrieren.

An manchen Stellen müssen wir uns entscheiden, dass die Einheit so wichtig ist, dass wir uns keine Gedanken mehr darüber machen, dass Leute sagen „dies und das haben/ sind wir nicht". Zur selben Zeit können wir sie lieben. Wir können Menschen lieben, die ihre Worte nicht richtig aussprechen können. Wir können Menschen lieben, die ihre Verben immer in der falschen Zeitform verwenden. Wir können

Menschen lieben, die ähnlich klingende Wörter miteinander verwechseln.

Natürlich können wir. Was ist wichtiger? Dass die Leute den Unterschied zwischen „dasselbe" und „das gleiche" kennen, oder, dass Gottes Reich auf dieser Erde aufgebaut wird? Was ist wichtiger – dass Männer und Frauen lernen jedes Wort richtig auszusprechen, oder, dass wir gemeinsam am Leib in Liebe und Harmonie sind? Es ist Zeit zu entscheiden, was im Leben wichtig ist und dann das Unwichtige zurückzulassen.

Was wir in dieser Stunde brauchen ist mehr von seiner Herrlichkeit, nicht endlose Diskussionen über jeden einzelnen Punkt der Lehre. Wir sind die lebendigen Wesen des Buches Hesekiel, und die lebendigen Wesen sind miteinander verbunden. Sie sind nicht an den Köpfen miteinander verbunden, sondern an ihren Flügeln, also an der Stelle wo sie gemeinsam aufsteigen. Hör auf jeden dahin bekommen zu wollen, dass er genauso denkt wie du. Die Einheit nach der Gott sucht, kommt nicht von einem intellektuellen Niveau.

Meine Eltern, so großartig sie beide in Gott waren, hatten verschiedene Standpunkte in genaueren Fragen der Lehre. Das hat sie aber nicht dazu gebracht sich voneinander zu trennen; es hat nicht unsere Familie zerbrochen; und es hat sie nicht davon abgehalten harmonisch miteinander zu dienen. Wir

werden nie in vollkommener Übereinstimmung
sein, bis wir im Himmel sind. Dann werden wir alle
die volle Wahrheit erkennen und es wird keine Unstimmigkeiten mehr geben. Wenn wir uns von den
vielen Unstimmigkeiten ablenken lassen, könnte es
sein, das wir wegen unserer Unachtsamkeit für die
Einheit im Leib Christi nicht in den Himmel kommen. Gott meint es ernst damit.

Solange wir hier in unserem vergänglichem Leib
und unseren vergänglichen Gedanken unterwegs
sind, werden wir nie in der Lage sein, jeden von
unserer Sichtweise zu überzeugen. Diese Tatsache
sollte uns aber nicht davon abhalten, „eins" zu sein
in Christus.

Vergiss die Dinge, die dich von anderen trennen.
Wenn du das tust und du mit anderen in Einheit
zusammenkommst, wirst du sehen wie eine neue
Salbung über deinem Leben freigesetzt wird, eine
Salbung nach deren Ausgießung auf dich Gott sich
sehnt. Und du wirst in der *Einheitsstiftenden Herrlichkeit* stehen.

Kapitel XI

Wenn nötig, bekennt Korrektur

um der Einheit willen

„Glücklich zu preisen sind die Barmherzigen!"

Glücklich zu preisen sind die Barmherzigen;
denn sie werden Erbarmen finden.

Matthäus 5, 7

Gott ruft uns in diesen Tagen auf, ein Volk der
Gnade und Barmherzigkeit zu sein. Wir sind so eif-
rig dabei den Namen und die Ehre unseres Herrn
zu verteidigen, dass wir manchmal Menschen begegnen, die gleichgültig und lieblos sind. Dieser
Eifer kann übertrieben sein. Manchmal sind wir so
leidenschaftlich für die Gerechtigkeit, dass wir uns
fühlen, als müssten wir die Sünden der Menschen
von einer Bergspitze herunter posaunen. Gott hat

uns nicht dazu gerufen, die Sünden der Menschen bekannt zu machen, sondern Jesus zu erheben. Er ist sehr wohl in der Lage, das Werk selbst zu vollenden.

Ein Übereifer, der zum Geist der Kritik und der Korrektur wird, ist eines der Werkzeuge des Feindes um uns zu entmutigen und uns voneinander zu trennen. Wir können so korrigierend sein, dass wir das Leben Christi, das in dieser Person hervorkommt zerstören können.

Während einer meiner Reisen nach Australien, sagte der Herr etwas zu mir, was er mir noch nie zuvor sagte. Oft war der Dienst jenseits der Kanzel wichtiger, als mein Dienst auf der Kanzel. Es war meine Freude, wenn ich jemandem helfen konnte, den Gottesdienst besser zu leiten, und ihm andere Hinweise und Empfehlungen geben konnte. Meine Intention war es immer, den Menschen Gottes zu helfen, mehr Erfolg in den Dingen des Geistes zu erleben. Jetzt sagte der Herr zu mir, „Ich möchte nicht, dass du jemandem Hinweise gibst oder andere jenseits der Kanzel korrigierst. Wenn ich irgendeinen Hinweis oder eine Korrektur habe, die du weitergeben sollst, werde ich sie dir geben, während dem du öffentlich zu den Menschen sprichst. Ich wünsche mir jetzt, dass du den Predigern in dieser Nation dieses Mal einfach nur ein Freund bist. Sie haben genug Leute, die sie korrigieren und ihnen sagen, was zu tun ist, und wie sie es zu tun haben. Du bist ihr Freund."

Ich gehorchte diesem Wort auf meinem ganzen Weg von Sydney bis nach Perth, ohne ein Wort der Korrektur zu sagen oder auch nur irgendjemandem einen Hinweis zu geben, wenn ich nicht auf der Kanzel war, und ich bemerkte, dass die Menschen mit denen ich zusammen war eine neue frische Einstellung hatten. Wir können so korrigierend und „hilfreich" sein, dass wir den Fluss des Geistes Gottes im Leben der Menschen abwürgen. Auch wenn es gut gemeint ist, können wir den Fluss der Liebe in unseren Beziehungen durch den Geist der Kritik behindern.

Menschen, die so übereifrig sind, haben oft die Entschuldigung „Aber ich tue es in Liebe.". Dass mag wahr sein, aber die Person, die diesen Hinweis oder diese Korrektur bekommt hat vielleicht nicht die Fähigkeit, das in Liebe Gesagte auch in Liebe aufzunehmen. Und wenn das so ist, dann kann das, was wir doch gut meinten mehr Schaden anrichten als das es gut tut. Gott will, dass wir Dinge tun, die die Einheit im Geist unterstützen.

Wir warnen manchmal die Menschen so viel, wie sie ihre Gaben einzusetzen haben, dass sie niemals in ihnen fließen. Sie können große Momente der Salbung verpassen, weil wir sie so sehr gemahnt haben vorsichtig zu sein, dass sie zu lang zögern. Stattdessen sollten wir sie lieber ermutigen, dem Heiligen Geist zu vertrauen und kühn in ihm voranzuschreiten.

Ich weiß, dass Menschen manchmal nicht das richtige tun. Ich weiß, dass sie nicht immer den richtigen Weg wählen. Ich weiß auch, dass es falsch ist, wenn wir uns daran stören. Der Herr weiß wie er sich um die Menschen kümmern kann, selbst bei den Schwierigsten.

Gott will uns dahin bringen, dass wir ihm ganz vertrauen, ihm all diese Dinge übergeben können und ihm erlauben daran zu arbeiten. Zu oft, ist dass, was wir als gerechtfertigte Entrüstung empfinden, oder dass, wo wir denken, der Geist bewegt uns das zu sagen, nur der Feind der darauf wartet, dass wir auf diese Situation anspringen. Wenn er weiß, dass er nicht die erwartete Reaktion von uns bekommt und Gott nicht dadurch betrüben kann, weil er unseren Geist wieder aufgewühlt hat, wird er sich zurück ziehen. Wenn er weiß, dass er uns aufhetzen und beunruhigen kann wird er weiter Dinge tun, die uns in genau dieser Weise beeinflussen.

Manche Prediger haben heute eine Härte in ihrem Geist, die nicht hilfreich ist. Ich höre sie oft im Radio oder im Fernsehen über irgendetwas schimpfen, und oft erscheint es mir, als wäre vieles was sie sagen, ziemlich unnötig. Ich empfinde ihre Härte im Geist oft so offensiv, dass ich mich oft dazu gezwungen fühle, den Sender wieder abzuschalten. Diese Härte des Geistes ist nicht das, was wir in dieser Stunde brauchen.

Einige Prediger sind so bedacht darauf in ihren Predigten Sünde anzugreifen, dass sie dabei angefangen haben die Menschen, die diese Sünde tun anzugreifen. Jesus liebte Sünder und lehrte uns sie auch zu lieben. Er blutete und starb für Sünder, und hätte er das nicht getan, wären du und ich in unseren Sünden verloren. Es betrübt den Herrn, wenn wir uns gegen genau die Menschen wenden, die unsere Hilfe brauchen. Anstatt sie aufzurichten drücken wir sie oft noch weiter nach unten. Anstatt ihnen zur Heilung zu werden, geben wir ihnen manchmal den letzten Stoß. Es ist richtig und gut sich der Sünde und dem Autor der Sünde gegenüber zu stellen, aber wenn wir beginnen, uns gegen die Menschen zu stellen, verletzten wir das Herz Gottes. Er starb um genau die Menschen zu retten, die wir angreifen und er ruft uns ihnen Gnade und Barmherzigkeit zu erweisen.

Wir Pfingstler haben uns oft schuldig gemacht zu richten. Manchmal waren wir so feurig und so voll Glut in unserem Glauben, dass wir uns gegen die Sünder, oder gegen die, die nicht genauso wie wir waren gewandt haben. Es ist Satan den wir bekriegen, nicht Fleisch und Blut. Jesus war erbittert im Kampf gegen Satan, aber er war überall treu im Dienst an Männern und Frauen. Auf ihm war kein Geist der Verdammung.

Die die in Leiterschaft von Gemeinden stehen, sind oft schuldig, sich auf Kosten der Einheit auf

Korrektur zu konzentrieren. Auch Menschen der Gemeinde werden gefangengenommen von diesem Geist. Manchmal bekomme ich kurze Nachrichten der Menschen in deren Versammlungen ich predige. Ich öffne sie meistens freudig gespannt, in der Erwartung eine Botschaft der Liebe und Ermutigung zu bekommen. Zuweilen bin ich enttäuscht. Anstatt sich auf die guten Dinge zu konzentrieren, die Gott tut, fühlen sie sich herausgefordert etwas zu kritisieren. Ich habe Mitleid mit solchen Menschen.

Einige scheinen die „Gabe der Kritik" zu haben. Es kommt ihnen so vor, als sei es ihre Aufgabe im Leben jeden zu korrigieren. Sie finden Fehler in der Art wie du redest, in der Art wie du dich gibst – überall. Sie haben die „Gabe der Kränkung", und sie sind nicht glücklich, trotz dass sie die Fehler der anderen hervorheben.

Viele Menschen brauchen keine Korrektur. Sie brauchen es geschätzt und geliebt zu werden. Lass den Geist fließen, und tue nichts, um ihn vom Fließen abzuhalten. Manchmal ist es besser eine Angelegenheit für den Moment ruhen zu lassen. Es kann etwas sein, was du normalerweise lieber schnell korrigierst bevor es schlimmer wird, aber du musst über die Konsequenzen nachdenken. Fange nicht an zu korrigieren, wenn das bedeutet den Fluss des Geistes Gottes zu brechen. Gott selbst, kann vielmehr korrigierend wirken, als wir ihn dafür ehren. Er sagte:

> *Rächt euch nicht selbst, liebe Freunde, sondern überlasst die Rache dem Zorn „Gottes". Denn es heißt in der Schrift:* »"*Das Unrecht*" *zu rächen ist meine Sache, sagt der Herr; ich werde Vergeltung üben.*« *Mehr noch:* »*Wenn dein Feind hungrig ist, gib ihm zu essen, und wenn er Durst hat, gib ihm zu trinken. Ein solches Verhalten wird ihn zutiefst beschämen.*« *Lass dich nicht vom Bösen besiegen, sondern besiege Böses mit Gutem.*   Römer 12, 19-21

Wenn Gott korrigiert, dann tut er das so wunderschön und so vollkommen. Seine Herrlichkeit ist unter uns, um uns *„eins"* zu machen, und wir müssen sorgsam darin sein, sein Werk der Einheit, das er unter uns wirkt nicht zu behindern.

Zuweilen stellt es mehr Einheit her als irgendetwas anderes, wenn man einfach seinen Frieden hält. In bestimmten Umständen ist es wohl das Geistlichste still zu bleiben. „Aber sie haben mich doch um Rat gefragt," mögen manche sagen. Das mag stimmen, aber wir müssen den Leuten nicht alles erzählen, was wir gerade denken. Lass dir von Gott Worte der Auferbauung und des Trostes geben, anstatt zu sagen was du denkst. Sprich Worte des Glaubens. Sprich Worte der Versöhnung. Sprich über die Güte des Herrn. Weigere dich in den Streit der Menschen verwickelt zu

werden. Tu die Dinge, die die Einheit unterstützen. Sei der Friedensstifter.

Du denkst vielleicht, dass das nicht wichtig ist,
aber Einheit zu haben ist wie einen Wassergraben
für die Herrlichkeit zu graben. Wenn die Gräben
soweit sind, wird die Herrlichkeit fließen.

Als Jesus der Frau begegnete die Ehebruch began-
gen hatte, war alles bewiesen. Die Frau wurde dabei
erwischt, und jeder war bereit sie dafür zu steinigen.
Jesus kniete und schrieb in den Sand. Es wurden
viele Vermutungen darüber angestellt was er da
schrieb. Manche stellen sich vor, dass er die Sünde
jedes einzelnen Anklägers aufschrieb – eine nach
der anderen, und dass sie aus Scham weggingen.
Vielleicht wollte er nicht in die Diskussion verwickelt werden und schrieb irgendetwas, was damit
gar nichts zu tun hatte. Du und ich müssen lernen
in den Sand zu schreiben. Lernen, wie wir uns aus
manchen Situationen entfernen können, die uns
normalerweise dazu herausfordern oder einladen
würden uns daran zu beteiligen, sodass wir unsere
Meinung zu dieser Angelegenheit nicht auf die eine
oder andere Weise darlegen müssen.

Einige Menschen scheinen die Gabe zu haben, sich
in jede Situation verwickeln zu lassen. Sie müssen
lernen in den Sand zu schreiben, sich selbst mit etwas
anderem zu beschäftigen, um nicht in die Situation
zu kommen, die niemanden hilft und nur Kummer

bereiten kann. Wenn der Feind versucht dich darin hineinzuziehen jemanden zu verdammen, wozu du kein Recht hast, dann kritzel irgendetwas. Versuch jedes kleine Ablenkungsmanöver. Vermeide Dinge, die die Einheit zerstören.

Als jeder andere gegangen war, wandte Jesus sich zu der Frau und fragte sie, *„Frau, wo sind deine Ankläger?"*. Das zeigt uns, dass er nicht einer der Ankläger war. Es ist kein bisschen der Beschuldigung in Jesus.

Als er die Frau fragte, *„Wo sind deine Ankläger?"* antwortete sie, *„Ich habe keine Herr."*. Er antwortete, *„Und ich verdamme dich auch nicht. Geh hin und sündige nicht mehr."* Das ist Gottes Position und er wünscht sich, dass es auch unsere ist.

Der Geist der Anklage ist nicht in Gott. Wir sollten mittlerweile alle wissen, wer der *„Ankläger der Brüder"* ist.

Wenn wir nicht sorgfältig sind, können einige Geschichten der Bibel uns einen falschen Eindruck verschaffen. Eine dieser Geschichten, handelt davon, wie Jesus die Tische der Geldwechsler umstößt. Irgendwie stellen wir uns vor, dass er zornig ist, aber das ist die falsche Grundlage. Er ist nicht ein Gott des Zorns. Er erklärte: *„Mein Haus soll ein Haus des Gebetes sein. Ihr aber macht eine Räuberhöhle daraus!"*[1]. Er war nicht ärgerlich. Er war tief traurig über das was die Geldwechsler taten.

---

1 Vgl. Matthäus 21, 13 und Markus 11, 17.

Gott ruft sein Volk auf ein reines Herz zu haben.
Er machte deutlich:

*Wer darf zum Berg des Herrn hinaufgehen,
und wer darf an seiner heiligen Stätte vor ihm
stehen? Jeder, dessen Herz und Hände frei von
Schuld sind, der keine Götzen anbetet und
keinen Meineid schwört. Er wird Segen empfangen vom Herrn; Gott, sein Retter, wird ihm
in Treue begegnen.*   Psalm 24, 3-5

Gott hat keinen Geist der Verurteilung, keine
Gesinnung der Verdammung, und wenn wir uns
nach dem Besten sehnen, was er für uns in diesen
letzten Tagen hat, wird er uns auch auf diesen Level
bringen.

Kapitel XII

Arbeitet weiter daran

„Ein tiefes Geheimnis!"

Hinter diesen Worten verbirgt sich ein tiefes Geheimnis. Ich bin überzeugt, dass hier von Christus und der Gemeinde die Rede ist.

Epheser 5, 32

Einige Menschen wundern sich, warum Einheit nicht automatisch passiert, und warum es so scheint als ob sie immer Kampf hervorruft. Der Grund dafür liegt darin, dass Einheit unter Brüdern wie eine gute Ehe ist. Sie passiert nicht einfach. Du musst an ihr arbeiten.

Gott hat Mann und Frau in der Ehe dazu bestimmt eins zu sein, aber Verheiratete wissen, dass es beide Ehepartner Sorgfalt und Bewusstsein kostet, diese Einheit hervorzubringen. Paulus zeigt uns in seinem Brief an die Epheser, dass die Einheit, die Christus

für die Ehe vorgesehen hat, dieselbe ist, die er auch
für die Gemeinde angeordnet hat.

In der Ehe müssen Mann und Frau die bewusste
Entscheidung treffen, zusammen zu leben, einander
zu lieben und die Meinung des Anderen zu akzeptieren, obwohl sie nicht gleich sind, sie unterschiedliche
Geschmäcker und unterschiedliche Lebensphiloso-
phien haben. Das ist genau derselbe Weg der uns
„eins" werden lässt mit denen, die mit uns Christus
nachfolgen.

Irgendwie kommen wir auf die Idee, dass nur
die ein Recht darauf haben zu Christi Gemeinde
zu gehören, die genau dasselbe glauben wie wir.
Aber das ist nicht unsere Entscheidung. Er ist das
Haupt der Gemeinde, und nur er kann diese Entscheidung treffen. Wenn er auch anderen Rettung
zu teil werden lassen will, wer sind wir dann dies
zu hinterfragen?

Wenn Ehepaare mit ihren Unterschiedlichkeiten
leben können und zusammen in einem Haus in
Intimität leben können, warum können wir dann
nicht unsere Brüder mit denen wir zusammen in der
Gemeinde arbeiten lieben? Eine harmonische Ehe
leben zu können, basiert darauf, dass wir unsere
Verschiedenheiten zu unserem gemeinsamen Besten
beiseitelegen können. Wir wollen das vielleicht nicht,
aber wir tun es, und genau so müssen wir das auch
im christlichen Kontext tun.

Wenn wir uns nur mit Unterschiedlichkeiten beschäftigen, werden sie größer. Wenn wir uns nur mit Spaltungen beschäftigen, werden sie schwerwiegender. Wenn wir uns darauf konzentrieren können, was uns verbindet und wir all die anderen Dinge beiseitelegen können, können wir *„eins"* sein in Christus.

Ist diese Art des Kompromisses biblisch? Die Bibel sagt, *„Ordnet euch einander unter; tut es aus Ehrfurcht vor Christus!"* (Epheser 5, 21). Es sind nicht nur die Ehefrauen, die sich ihren Ehemännern unterordnen müssen. Wir müssen uns alle einander unterordnen. Ich weiß, dass wir das nicht mögen, aber Ehefrauen tun das auch nicht. Wenn eine Frau schlau ist, dann tut sie es ihrer Ehe zu liebe, und wenn wir schlau sind, werden wir uns einander unterordnen zum Wohle des gesamten Leib Christi.

Es geht um den Leib Christi, also tue es ihm zu liebe. Tu es für das Evangelium. Dieses eine Prinzip hält uns davon zurück große Dinge in Gott zu tun. Überwindet es, indem ihr nicht aufeinander schaut, sondern auf Christus.

Jesus betete, *„so sollen sie zur völligen Einheit gelangen"*. Keiner von uns könnte heiraten, wenn wir warten würden, bis die perfekte Person kommt oder wenn wir warten würden, bis wir selbst vollkommen sind. Wir sind nicht perfekt und trotzdem heiraten wir, und dann beginnen wir mit dem

Prozess selbst vollkommener zu werden und auch unsere Ehe zu perfektionieren.

In der Ehe geht es nicht um Perfektion; in der Ehe geht es um Liebe. Wenn wir darauf warten würden perfekt zu sein, würde keiner von uns klar kommen. Keiner wäre in der Lage mit seinem Ehepartner zu leben. Keiner wäre dazu in der Lage sich seinem Ehepartner anzuvertrauen. Es würde keine Ehen geben. Wir heiraten als unvollkommene und dann *gelangen wir zur vollkommenen Einheit.*

Jesus sagte nicht, dass wir bereits perfekt seien. Er betete, dass wir zur vollkommen Einheit gelangen. Wir sind im Fortschritt. Wir werden durch den Geist des Herrn vollkommen gemacht in der Einheit. Gott ist mit uns noch nicht am Ziel. Wenn er am Ziel ist wird das Resultat herrlich sein.

Können wir als unvollkommene Individuen eins sein? Oh ja! Gott kann die merkwürdigsten Menschen miteinander verbinden. Schau einfach auf deinen Körper. Es mag sein, dass *durch ihn der ganze Leib zu einer Einheit wird* aber das bedeutet nicht, dass du nicht an einer deiner Zehen ein Hühnerauge hast. Die Schmerzen die ein Hühnerauge bereitet, beeinflussen den gesamten Körper, aber du schneidest nicht den Zeh ab weil er schmerzt. Er ist verbunden mit dir, und du brauchst ihn. Du weißt, dass das was du einem deiner Körperteile antust deinen ganzen Körper beeinflusst.

Einige von uns haben Warzen oder Leberflecke oder irgendeinen anderen Makel an ihrem Körper. Andere haben Gelenke, oder Organe, die nicht richtig arbeiten. Aber trotzdem wollen wir sie nicht loswerden. Sie sind mit dem Rest unseres Körpers verbunden. Sie sind in Einheit zusammengefügt mit dem Rest von uns.

Wenn ein Mann und eine Frau durch den Bund der Ehe eins sind, sind diese Worte der Bibel über sie ausgesprochen:

> *Sie sind also nicht mehr zwei, sondern sie sind ein Leib. Darum: Was Gott zusammengefügt hat, soll der Mensch nicht trennen.*
>
> Matthäus 19, 6

In diesem Moment des Prunks, klingt es einfach, dass sie *zusammengefügt* sind, denn sie sind total verliebt in einander. Warum sollten sie jemals über Trennung nachdenken? Die, die schon länger verheiratet sind, werden dir sagen können, dass es nicht so einfach ist. Wenn Mann oder Frau verpassen an ihrer Beziehung zu arbeiten, kann die Ehe an irgendeinem Punkt zerstört werden.

In dem Moment in dem sie zusammengefügt werden, sind sie beide blind vor Liebe zueinander, und nichts kann sie voneinander trennen. Selbst wenn andere Hindernisse sehen, werden

Braut und Bräutigam wahrscheinlich nicht mal zuhören. Sie sorgen sich nicht darum. Sie sind überzeugt, dass nichts und niemand sie trennen wird.

Später allerdings, wenn nicht mehr alle Dinge wie geschmiert laufen, und einer oder beide der Partner das Verlangen haben sich voneinander zu trennen gibt es plötzlich tausend Gründe. Gott hat sie zusammengefügt und es gab nichts, was stark genug war sie abzuhalten, aber Satan wird sie wegen irgendeines dummen Grundes trennen. Das ist genau das Bild, wie Uneinigkeit im Leib Christi in Erscheinung tritt. Wenn die Glieder erwarten zusammen zu stehen und die gegenseitigen Unterstützungen genießen, müssen sie sich entscheiden dafür und daran zu arbeiten.

Was hält ein Ehepaar zusammen? Es ist die Basis, einander (trotz der Fehler) zu akzeptieren und einander eigene Fehler oder die Fehler des anderen zu vergeben. Was ist es, das unzählige Ehepartner trennt? Es ist die Intoleranz der Eigenarten des anderen und die Unwilligkeit zu vergeben.

Es funktioniert beidseitig. „Es tut mir leid" und „Bitte vergib mir" sind die stärksten Worte der deutschen Sprache. Wenn wir, als Glieder am Leib Christi nicht vergeben können und nicht Vergebung empfangen können, gibt es keinen Weg um harmonisch miteinander zu leben.

„Es tut mir leid. Ich habe es nicht so gemeint. Ich hätte es nicht tun sollen. Vergib mir." Es verletzt niemanden diese Worte zu sagen, und es macht dich nicht zu einer schlechteren Frau oder einem schlechterem Mann. Das Gegenteil entspricht der Wahrheit. Wahre Männer und Frauen wissen, dass sie nicht perfekt sind und erwarten auch keine Perfektion von anderen.

Eine andere Sache, die eine Ehe zusammenhalten kann ist eine brennende Liebe. Wenn ein Paar trotz verschiedener Hindernisse zusammengefügt ist, können sie solange verheiratet bleiben, wie sie ihre Liebe am brennen halten. Wenn Gläubige sich in der Wolke der Herrlichkeit Gottes aufhalten, werden sie sich ihre brennende Liebe für Gott und für einander erhalten. Wenn sie ihrer Liebe erlauben zu erkalten, sind sie in Gefahr sich von Gott und voneinander zu trennen.

Es ist niemals ein leichtes Vorhaben miteinander klar zu kommen. Es gibt Dinge in jedem von uns, die unangenehm sind. Wenn sie nicht sofort sichtbar sind, wird der Feind sie sofort sichtbar machen. Er ist der Meister der Vergrößerung und der Anstrahlung von Fehlern, er nimmt etwas Kleines und lässt es unüberwindbar erscheinen.

Wie überwinden wir solche Hindernisse? Übernatürlich! Wenn wir Glauben dafür haben, dass hoffnungslos kranke Menschen geheilt werden, dass unserem Dienst große Summen Geld zur Verfügung gestellt werden, und dass wir für andere unmögliche Aufgaben Salbung empfangen, warum scheint es dann so, als ob wir nicht den Glauben hätten, dass Gott das Wunder der Einheit unter uns wirken könnte? Könnte es sein, dass wir nicht *„eins"* sein wollen mit unseren Brüdern? Haben wir vielleicht lieber die Trennung gewählt? Das ist nicht Gottes Weg.

Wenn wir Gott glauben, dass er uns *„eins"* macht mit unseren Ehepartnern, lasst uns ihm glauben, dass er uns mit anderen Gläubigen *„eins"* macht.

Kapitel XIII

Es hängt alles vom Leiter ab

„Du wirst ... zusammenfließen"

Du wirst es sehen und deine Augen werden leuchten, dein Herz wird vor Freude hüpfen und weit werden.[1]   Jesaja 60, 5

Es ist beeindruckend ein Orchester bei einem Konzert zu erleben. Ein Orchester besteht aus vielen verschiedenen Instrumenten, die von ganz verschiedenen Menschen, Männern und Frauen unterschiedlicher Größe, unterschiedlicher Hautfarbe und unterschiedlichen Alters gespielt werden. Die Instrumente sind total vielfältig und machen ganz unterschiedliche Klänge. Manchmal spielt nur ein

---

1 Aus dem Englischen übersetzt würde es wörtlich heißen:
Dann wirst du sehen, und zusammenfließen, und dein Herz soll sich fürchten und weit werden.

einziges, oder nur eine Gruppe mehrerer Instrumente, während sie sonst alle auf einmal spielen. Es ist bewundernswert, dass diese große so unterschiedliche Gruppe einen unvergleichlichen und oftmals unvergesslichen Klang herstellen kann.

Es kommt alles auf den Dirigenten an, und obwohl er gewöhnlich nicht mehr tut, als mit seinem Stab in der Luft zu winken, gebührt ihm viel Ehre. Es ist sein Genie, die Musik so zu interpretieren (und die Bereitschaft der individuellen Glieder des Orchesters sich von seinem Genie leiten zu lassen), auf dass es diesen Erinnerungswert für uns hat. Wir Christen haben viel zu lernen von Orchestern.

Bevor jedes große Orchester spielen kann, muss jedes Instrument gestimmt werden. Jedes Instrument ist nach einem Standard gestimmt, nicht auf den, eines einzelnen Mitglieds, sondern auf den des Dirigenten höchstpersönlich. Kein Mitglied des Orchesters, kann einfach seine eigene Stimmung wählen oder mit dem diskutieren, was der Meister vorgegeben hat. Wenn wir uns alle auf unseren Meisterdirigenten stimmen lassen würden, wären unsere Probleme der Uneinigkeit sofort gelöst.

Manche fragen, „Aber was ist, wenn die Person neben mir ihr Instrument nicht fein abstimmen kann?". Lass das die Sache des Meisters sein. Das ist nicht in deiner Verantwortlichkeit. Der Meister weiß was er tut. Wenn wir zu sehr damit beschäftigt sind auf die schiefen Töne unserer Nachbarn zu hören, bekommen wir unser Instrument nicht sauber gestimmt und wir verlieren vielleicht den Blick auf den Dirigent und sind nicht bereit wenn er den Einsatz gibt.

Manchmal bringt die Störung in unserem Geist und das Aufhebens, dass wir machen, wenn wir bemerken, dass andere nicht genau die Töne treffen, mehr Missklang und Uneinigkeit, als die Fehler, die wir bei anderen finden. Wir müssen aufhören darauf aufzupassen, ob jeder andere richtig gestimmt ist. Das ist nicht unsere Aufgabe. Wenn wir uns selbst in die richtige Bahn bekommen, werden wir merken, dass die anderen Dinge um uns herum einfach fließen werden.

Wenn die Musik begonnen hat, sehen die Musiker nicht aufeinander um ihre Einsätze zu bekommen, sondern sie sehen zum Dirigent. Wenn jeder Musiker dem Dirigenten folgt, werden alle synchron in der Musik sein. Wir können nicht abwarten bis wir jemanden etwas tun sehen um dann einzusetzen. Hör auf, dir Sorgen zu machen rechtzeitig mit deinem Bruder einzusetzen und konzentriere dich auf die Leitung des Herrn für dein eigenes Instrument.

Die Mitglieder eines Orchesters sind niemals füreinander verantwortlich. Jedes Mitglied hat nur zwei Verantwortlichkeiten: sein eigenes Instrument in Stimmung zu bringen und der Leitung des Dirigenten zu folgen. Wenn jeder dieser Verantwortung nachkommt, funktioniert alles gut.

Die Entscheidung wer wann spielt, ist die des Dirigenten. Er hat einen Grund dafür, wenn er nur ein, zehn oder wenn er alle Instrument will. Wir machen uns keine Gedanken was dabei herauskommen wird. Wir hören ihm einfach zu.

In einem Orchester hat kein Musiker das Recht sich einem anderen überlegen zu fühlen, oder zu beanspruchen, dass er oder sie allein stehen kann. Alle Instrumente werden für eine gute Balance gebraucht. Der Meister trifft die Entscheidung wer wann spielt, nicht wir.

Weil ein Orchester aus so vielen Instrumenten besteht, ist der Fehler eines einzigen Instrumentes nur schwer zu bemerken. Es ist wichtig Dinge zu vermeiden, die das gesamte Orchester behindern. Es gibt ein Sprichwort, dass eine falsche Note der Symphonie keinen Schaden zufügt und das ist wahr. Darum hat unser Herr uns gelehrt, Dinge zu vermeiden, die die Einheit zerstören. Es ist das Ziel des Feindes, zu trennen, aber unser Gott ist kein Teiler, und wir müssen das auch nicht sein.

Manche Menschen sehen in Spaltung etwas Gutes, und es mag für eine Zeit so scheinen, dass etwas Gutes dabei herausgekommen ist. Aber ich bin überzeugt, dass Gott uns nicht für schuldlos halten wird, wenn wir seiner Familie Schaden zugefügt haben.

Wenn eine Spaltung gute Resultate hervorbringt, dann ist das nicht wegen sondern trotz der Spaltung. Gott beschäftigt sich nicht damit Gemeinden zu spalten, Familien zu zerbrechen und gute Freunde zu trennen. Er ist ein Friedensstifter und er sucht unter uns auch nach Friedensstiftern. Er sagte:

Warnen möchte ich euch vor denen, die von der Lehre abweichen, wie sie euch gelehrt worden ist, und die damit Spaltungen hervorrufen und den Glauben der anderen in Gefahr bringen.
Römer 16, 17

Einige stimmen überein, dass wir in vollkommene Einheit gebracht werden müssen, bestehen aber darauf, dass sonst jeder seinen Weg geht. Das ist eine dumme Einstellung, weil das nicht passieren wird. Wir können nicht darauf bestehen unseren eigenen Weg zu gehen und dann erwarten vom Vater gesegnet zu werden. Wir müssen uns alle in seine Richtung bewegen und aufhören zu fordern, dass jeder uns folgen muss. Wir sind alle Teil eines großen Ganzen und wir sind nicht die die Entscheidungen treffen. Gott ist es.

Gott tut eine bewundernswerte Sache in Israel. Er zieht die Gemeinden zu den Juden, und die Juden bewegt er in Richtung der Gemeinden. Beide müssen sich von der Position bewegen auf der sie sich

befinden, weil Gott etwas Größeres für sie beide tut.
Er vollbringt ein ewiges Werk.

Amerikaner brauchen lange um das zu verstehen.
Wir sind sehr verwöhnt. Die größte Stärke von Amerika, wird zu unserem Problem, wenn es um die
Beziehungen im Leib Christi geht. Unsere Freiheiten,
unsere Unabhängigkeit zu tun was wir wollen, wann
wir wollen, und wie wir wollen, zu jeder Tages und
Nachtzeit. Verdorben für unsere Unabhängigkeit.
Wir haben so viele große Privilegien, die viele auf
dieser Welt nicht genießen können und so viele Freiheiten und Vorteile in unserem Lebensstil, die andere
Menschen nicht haben, und dass macht es für uns
schwierig die Richtlinien des Heiligen Geistes im
Bezug auf die anderen Glieder am Leib zu verstehen.
Wir sind darauf angewiesen, die Hand des Herrn an
den Zügeln unseres Geistes zu spüren.

Wir können es uns zum Beispiel nicht leisten, uns
zurückzulehnen und zu sagen „Niemand hat mir zu
sagen was ich tun muss!" wenn jemand kommt, den
Gott gebraucht um zu uns zu sprechen. Das ist eine
sehr weit verbreitete amerikanische Umgangsweise
aber es beeinträchtigt die Wirksamkeit des Leibes
Christi. Gott möchte in unserem Geist Veränderungen bewirken, so dass wir erkennen, dass wir
ein Teil einer viel größeren Welt sind. Er will uns
Gnade geben mit jedem Teil des Körpers weltweit
zu interagieren. Wenn wir irgendetwas tun, um die

Einheit, nach der Gott sich sehnt sie unter uns hervorzubringen, zu zerbrechen, werden wir uns direkt vor ihm verantworten müssen.

Wenn du immer noch das Denken in Denominationen in dir hast, dann tu Buße und bitte Gott dir zu helfen. Er ist nicht ein Gott der Denominationen. Seine Gemeinde ist eins. Wenn du des Nationalismus und des Rassismus schuldig geworden bist, dann sollst du wissen, dass Gott das nicht gefällt, bitte ihn das heute loszuwerden. Wenn du Vorurteile gegenüber den Armen oder den Reichen hast, dann bitte Gott diese hässliche Eigenart von deinem Geist wegzunehmen. Wenn du irgendein schlechtes Gefühl gegenüber irgendjemandem hast, wird es dich in deinem geistlichen Wachstum behindern. Bitte Gott diese Dinge aus deinem Geist herauszunehmen. Lass dich von ihm zum „Teamplayer" in seinem großen Orchester machen, auf dass er die Schönheit seines Meisterstücks der ganzen Welt zeigen kann.

Teil IV

Was muss ich tun?

Kapitel XIV

Ich bin es, Herr

„Da sprach ich: Wehe mir!"

Im Todesjahr des Königs Ussija sah ich den Herrn sitzen auf einem hohen und erhabenen Thron, und seine Säume erfüllten den Tempel. Seraphim standen über ihm; jeder von ihnen hatte sechs Flügel: mit zweien bedeckten sie ihr Angesicht, mit zweien bedeckten sie ihre Füße, und mit zweien flogen sie. Und einer rief dem anderen zu und sprach: Heilig, heilig, heilig ist der Herr der Heerscharen; die ganze Erde ist erfüllt von seiner Herrlichkeit! Da erbebten die Pfosten der Schwellen von der Stimme des Rufenden, und das Haus wurde mit Rauch erfüllt. Da sprach ich: Wehe mir, ich vergehe! Denn ich bin ein Mann mit unreinen Lippen und wohne unter einem Volk, das unreine Lippen

hat; denn meine Augen haben den König, den
Herrn der Heerscharen, gesehen!

Jesaja 6, 1-5

Wir wünschen uns alle, dass die anderen Menschen verändert werden, damit wir einfacher
mit ihnen umgehen können, aber es ist an der
Zeit zu erkennen wo das Problem wirklich liegt.
Es liegt in uns, nicht in Anderen. Wir sind die,
die verändert werden müssen. Ich habe immer
dieses alte Spiritual geliebt und es tausendemale
gesungen:

> *It's me. It's me, oh Lord,*
> *Standing in the need of prayer.*
> *It's me. It's me, oh Lord,*
> *Standing in the need of prayer.* [1]

> *Über die Jahre wurden viele hilfreiche Strophen*
> *hinzugefügt.*

> *Nicht mein Bruder, nicht meine Schwester,*
> *sondern ich, Herr,*
> *brauche Gebet.*

> *Nicht die Brüder, noch die Ältesten,*
> *sondern ich, Herr,*
> *brauche Gebet.*

---

1 dt. Ich bin es, ich bin es Herr, der Gebet braucht.

Wenn Einheit unter uns kommt, muss jeder seine eigene Verantwortung erkennen. Gott möchte in *unseren* Herzen handeln, und wenn wir ihm das erlauben, werden andere folgen.

Jesaja rief, „Wehe mir!". Wir tun oft das Gegenteil. Wir sagen, „Wehe ihm, Wehe ihr. Wehe diesem. Wehe jenem." Wir sehen nur die Fehler und Schwachstellen anderer. Wenn die Berührung der Herrlichkeit Gottes auf uns kommt, werden wir uns plötzlich bewusst, dass wir „unpässlich" sind. Es spielt keine Rolle ob wir nur ein bisschen unvorbereitet sind. Wir mögen zwar wesentliche Dinge erkannt haben, aber sind immer noch mit den Unwesentlichen beschäftigt. Aber unpässlich ist unpässlich, und wir können nicht länger andere der Uneinigkeit beschuldigen. „Ich bin es, Herr."

Wir sind wie solche von denen Jesus sagte:

Wie kommt es, dass du den Splitter im Auge deines Bruders siehst, aber den Balken in deinem eigenen Auge nicht bemerkst? Wie kannst du zu deinem Bruder sagen: ›Halt still! Ich will dir den Splitter aus dem Auge ziehen‹ – und dabei sitzt ein Balken in deinem eigenen Auge? Du Heuchler! Zieh zuerst den Balken aus deinem eigenen Auge; dann wirst du klar sehen und kannst den Splitter aus dem Auge deines Bruders ziehen. Matthäus 7, 3-5

Als ich nach Malaysia reiste um dort zu dienen, zeigte mir Gott, dass wenn wir klare geistliche Visionen haben wollen, kein Splitter und kein Balken in unserem Auge sein darf. Nichts darf die Vision, die Offenbarung der Herrlichkeit Gottes verfälschen.

Balken sind nur da, wenn wir es ihnen erlauben. Wir können nicht andere beschuldigen weil wir Splitter haben. Was auch immer die Gründe für die Splitter in unseren Augen sind, Gott möchte alle Hindernisse wegräumen, auf das wir freie Sicht für die Vision haben.

Ich möchte viel mehr sehen, als ich es bisher tue. Es ist mein Verlangen hinter den Mond und die Sterne zu sehen. Ich möchte in die tiefen Bereich der Herrlichkeit sehen. Ich möchte das Gesicht des Herrn in jedem Gottesdienst sehen. Immer wenn wir uns sehen, will ich die Dinge sehen, die für uns vor Grundlegung der Welt bereitet sind. Wenn wir das wollen, so lehrt Jesus uns, müssen wir frei von jeder Böswilligkeit gegen unsere Brüder sein.

Es reicht nicht mehr einander zu tolerieren, zu leben und leben zu lassen; Gott hat uns zu viel mehr berufen. Jedes Glied am Leib Christi muss sich bewusst darum bemühen auf jedem Weg, *die Einheit mit den Brüdern* anzustreben. Wenn wir uns nicht ausstrecken, wer dann?

Wie ich schon sagte, war es ein großer Teil unseres Dienstes in Jerusalem, Menschen verschiedenen

Glaubens und verschiedener Richtungen des christlichen Glaubens zu erreichen. Wir hatten zum Teil gute Gemeinschaft mit den Orthodoxen und den Katholiken und wundervolle Kontakte mit Juden und Muslimen. Menschen all diesen Glaubensrichtungen können in unserem Haus angetroffen werden. Das mag vielleicht nicht normal erscheinen für Jerusalem, aber in unserem Haus ist das so.

Wenn Gott Muslime und Juden dazu bringen kann einander zu lieben, ist er dann nicht auch groß genug, um das für Baptisten und Methodisten zu tun? Kann er es nicht auch mit den verschiedensten Pfingstlern tun? Kann er das nicht auch mit der Gemeinde an der Ecke, und der Gemeinde nebenan tun? Er kann und tut es – in all denen, in deren Herz er wirken darf. Wenn wir sagen, „Ich bin es, Herr." stürzen Barrieren ein und wundervolle Dinge geschehen. Warte nicht bis dein Bruder sich auch Einheit wünscht. Du bist es. Du bewegst dich. Du streckst dich aus.

Nachdem seine Brüder ihn vor vielen Jahren in die Sklaverei verkauft hatten, und er ihnen nun wieder gegenüberstand, offenbarte er nicht als erstes seine wahre Identität. Es war sein Amt die bestehenden Essensvorräte für einen großen Teil der Welt zu verwalten, und sie brauchten Essen, aber das einzige, was er ihnen erzählte, war, dass wenn sie zurückkommen, sie ihren Bruder Benjamin mitbringen

sollten. Seine Brüder wandten ein, dass ihr Vater
Benjamin wahrscheinlich nicht außer Sichtweite lassen würde, aber Joseph bestand darauf, dass, wenn
sie Benjamin nicht mitbringen würden, sie keine
Vorräte bekommen würden.

Einige spekulierten, dass Joseph ihnen das sagte,
weil Benjamin sein einziger Bruder von derselben
Mutter war, und er ihn unbedingt sehen wollte, aber
ich denke es hatte einen tieferen Grund. Die anderen
Brüder, die Söhne der Lea, mochten Benjamin nicht
so sehr, genauso wie sie Joseph nicht mochten. Aber
wenn sie nun eine Hungersnot vermeiden wollten,
mussten sie mit Benjamin Frieden schließen und ihn
mitbringen.

Viele Jahre vergingen, und diese Männer sind
ihren Hass gegen die Kinder Rahels nicht losge-
worden. Möge Gott uns befreien von tiefsitzendem
und langewährendem Hass und von Eifersucht! Ich
habe Menschen gesehen, die ihrer wunderbaren
Salbung und ihres großartigen Dienstes beraubt
worden sind, weil sie nicht mit den Gefühlen für
die Josephs und Benjamins in ihren Leben umgehen konnten. Ich kann garantieren, dass du nicht
gesegnet sein wirst, wenn du nicht und bis du nicht
Frieden geschlossen hast mit deinen Benjamins. Du
wirst keine Nahrung haben in der Zeit der Hun-
gernot wenn du nicht die Eifersucht und Bitterkeit
überwindest.

Es ist Zeit unseren Kummer beiseite zu legen. Wenn wir uns dessen weigern, werden wir wie der Bruder des verlorenen Sohnes, der ärgerlich auf seinen Vater war, weil er den verschwenderischen Sohn willkommen geheißen hat, er selbst aber die Güte seines Vaters jeden Tag genoss. Ich habe Leute getroffen, die dir von jedem Kummer in ihrem Leben erzählen können, wie es dazu kam und was die genauen Umstände waren. Das Schlimmste daran ist, dass diese Dinge meistens vor 25 Jahren oder mehr Jahren passierten. Das ist furchtbar! Es ist schlimm genug sich an jeden Kummer der letzten zwei Jahre zu erinnern. Hör auf, dich an all die Missstände zu erinnern. Lass die Salbung an deiner Erinnerung arbeiten. Nimm den Schwamm des Heiligen Geistes und arbeite an deiner Tafel. Lass jeden Schmerz los. Lass jeden Kummer los. Vergiss all die Male wo dir jemand Unrecht getan hat.

Josephs Brüder haben ihm viele schmerzliche Dinge angetan, und viele würden nichts Falsches darin erkennen, wenn Joseph sie deswegen auch schlecht behandeln würde. Aber Joseph war dazu berufen zu regieren, und dafür musste er sich von jeder Bitterkeit der Vergangenheit befreien. Er hat nicht darauf bestanden, dass sich seine Brüder als erstes nach ihm ausstrecken. Er hat sich nach ihnen ausgestreckt. Wie auch immer, sie waren dazu gezwungen, nach Hause zu gehen und sich mit ihren

Benjamins zu beschäftigen, bevor sie zurückkehren konnten um Versorgung zu bekommen, um die gesamte Generation zu retten. Wir können uns ganz einfach nicht dazu entscheiden, unsere Benjamins zu ignorieren und erwarten Gottes Segnungen auf unseren Leben zu haben.

Manchmal, wenn ich eine große Welle der Herrlichkeit Gottes erlebe spricht er mit mir über Menschen, die ich segnen soll. Einige von denen, die er mir zeigt scheinen mir der Segnung würdig, und es ist nicht schwierig Gottes Segnung an sie weiter zu geben. Aber es gibt auch andere, die mir nicht so erscheinen, als seien sie die Segnungen Gottes wert, und ich bin dankbar für seine Gnade, die in meinem Leben wirkt, die es mir erlaubt sie trotzdem zu segnen.

Wenn ich die Wunder freisetze, die Gott mir für Menschen gibt, habe ich nicht das Recht herauszusuchen und auszuwählen, wen ich als würdig empfinde. Das ist Gottes Vorrecht. Er segnet die, die er auswählt und er zeigt mir das ich sie segnen soll, warum sollte ich ihn hinterfragen? Ich muss die segnen die ich als „gut" (allgemein gesagt, die, die gut zu mir waren) befinde, aber ich muss auch die segnen, die ich nicht als „gut" befinde. Ich will die Segnungen die Gott für mich vorbereitet hat nicht verpassen, weil sich harte Gefühle in meinem Herzen angesammelt haben und ich kann es mir nicht leisten darauf zu warten, dass andere sich zuerst bewegen. Bevor seine Segnungen kommen, muss ich sagen, „Ich bin es, Herr".

Der Prophet Bileam wurde von Balak gebeten Israel zu verfluchen, aber Gott erlaubte ihm nur diese Nation uns sein Volk zu segnen. Jesus sagte:

> *Wenn ihr ´nur` die liebt, die euch Liebe erweisen, was für einen Lohn habt ihr dafür zu erwarten? Tun das nicht sogar ´Leute wie` die Zolleinnehmer?* Matthäus 5, 46

Wenn wir die Fähigkeit zu segnen kultivieren werden wir bemerken, dass wir selbst nur segnen und nicht fluchen.

> *Segnet die, die euch verfolgen; segnet sie, verflucht sie nicht.* Römer 12, 14

Als Gott Hesekiel berief, beschwerte sich der Prophet, dass die Menschen nicht bereit wären auf ihn zu hören. Gott sagte, dass das keine Rolle spielt. Es sind unsere eigenen Herzen mit denen Gott arbeiten möchte. „Erzähl es ihnen trotzdem", sagte er zu Hesekiel. Indem wir es sprechen, setzen wir unsere Seelen frei, und wir überlassen es anderen welche Entscheidung sie treffen. Du und ich müssen die Kostbarkeit der Einheit erkennen und danach streben. „Ich bin es Herr, der Gebet braucht."

Hör auf zu sagen, „Wehe ihm" und fange an, zu sagen „Wehe mir". Lass Gott den Balken und den Splitter aus deinem Auge entfernen. Lass ihn all die Bitterkeit, allen Hass und alle Eifersucht von deiner Seele nehmen und dir stattdessen reine und ungeteilte Liebe für deine Brüder geben.Erlaube dem Alltäglichem nicht, dich das Beste, das Gott für dein Leben hat nicht empfangen zu lassen.

Was meinte unser himmlischer Vater, als er sagte, „Lasst nichts eure Liebe zueinander beeinträchtigen; durch Christus seid ihr ja Geschwister."[2]? Er meinte hört auf sie zu behindern. Hört auf ihnen im Weg zu stehen. Unterstützt sie. Bewahrt sie. Tut alles was ihr könnt, um sie zu fördern. Tu deinen Teil dazu.

---

2   Vgl. Hebräer 13, 1

Kapitel XV

Wahre und falsche Liebe

„Darum hört nicht auf, einander aufrichtig und von Herzen zu lieben!"

Ihr habt euer Innerstes gereinigt, indem ihr euch der Wahrheit im Gehorsam unterstellt habt, sodass ihr euch jetzt als Geschwister eine Liebe entgegenbringen könnt, die frei ist von jeder Heuchelei. Darum hört nicht auf, einander aufrichtig und von Herzen zu lieben!

1. Petrus 1, 22

Echte Liebe ist *aufrichtige Liebe*, keine Vortäuschung und das größte Zeichen geistlicher Reife sind nicht Gaben oder Wunder, nicht einmal Dienst, sondern einander zu lieben, nichts kann wichtiger sein, als eine *aufrichtige Liebe* zu entwickeln.

Eines der Probleme denen wir gegenüberstehen ist es, dass es in der Vergangenheit diejenigen gab, die Liebe vortäuschten und heuchelten. Sie haben eine bestimmte Fassade der Liebe. Sie können zu jedem den sie treffen sagen, „Ich liebe dich", aber bei dieser Liebe trügt der Schein. Sie haben das richtige gesagt, aber ihre „Liebe" war nicht die Liebe Gottes, von der im 1. Korinther 13 berichtet wird, dass sie *alles erträgt* und *alles glaubt*.

Weil sich diese oberflächliche Liebe vor ein paar Jahren unter uns gezeigt hat (und niemand mag etwas vorgetäuschtes), wechselten viele Leute zu einem anderen extrem und wurden total reserviert in ihrer Art Liebe füreinander auszurücken und zu zeigen. Sie wollten kein bisschen der offensichtlich falschen „Liebe", aber in dem sie sie vermieden, haben sie die Sicht darauf verloren, wie wichtig es ist wirkliche Liebe, *aufrichtige Liebe* zu zeigen. Die Kritiker dieser Heuchler verwendeten dann den Namen „schlampige Nächstenliebe". Das hebt die Unaufrichtigkeit dieser Liebe hervor.

Es ist kein Grund, nur weil es Fälschungen gibt, Dinge abzulehnen, die aufrichtig sind, solche Dinge sind real. Ich weiß, dass es gefälschte zwanzig Dollar Scheine gibt, aber ich benutze die echten trotzdem wenn sie mir gehören. Die Tatsache dass gefälschte Schein im Umlauf sind, hindern mich nicht daran von den echten zu profitieren. Lasst uns nur sichergehen, dass nicht wir selbst die Fälschungen sind.

Petrus war wirklich inspiriert als er schrieb: *„Ihr habt euer Innerstes gereinigt, indem ihr euch der Wahrheit im Gehorsam unterstellt habt, sodass ihr euch jetzt als Geschwister eine Liebe entgegenbringen könnt, die frei ist von jeder Heuchelei. Darum hört nicht auf, einander aufrichtig und von Herzen zu lieben![1]"* Gott will einen Prozess der Reinigung in unseren Seelen durchführen, um uns zu dem Level der Reinheit, der Heiligung zu bringen, in dem wir aufrichtige Liebe für unsere Brüder haben und zeigen können.

Du hast vielleicht nie jemand *„unaufrichtig"* geliebt. Viele Menschen haben das nicht getan. Sie haben ihre Zeit damit verbracht für Gaben und Wunder zu beten, aber haben Gott nie gebeten, sie in seiner Liebe für seine Menschen zu baden. Die Gaben und Wunder sind ohne Liebe bedeutungslos. Die Gaben und Wunder zielen darauf ab, Gottes Liebe für seine Menschen zu zeigen.

Gott hat uns gerufen einander so sehr zu lieben, dass wenn einer unserer Brüder ein Problem hat, wir es empfinden als wäre es unser eigenes Problem. Das ist geistliche Reife. Das ist wahre Liebe, *„aufrichtige Liebe"*.

Ich bin dadurch sehr gesegnet worden, dass ich in einer sehr engen, liebenden und aufopfernden Familie aufgewachsen bin. Von uns Kindern wurde erwartet, dass wir anderen Liebe zeigen. Ich habe dagegen immer mal wieder rebelliert. Ich konnte nicht

---

1 Vgl. 1. Petrus 1, 22

verstehen, warum wir so viele Menschen mit in die
Gemeinde mitnehmen mussten, und warum wir ihnen helfen mussten wenn es schon spät nachts war,
in die Autos hinein und wieder heraus zu kommen,
und wir ihnen sogar helfen mussten in ihre Häuser
zu kommen und warum zu besonderen Anlässen
so viele Menschen in unser Haus kamen.

Einmal sagte Mutter, dass jeder, der an Weih-
nachten nicht irgendwo anders eingeladen ist,
eingeladen ist zu uns nach Hause zu kommen,
und manchmal waren das nicht gerade die Gäste
der eigenen Wahl zu solchen Anlässen. Die Welt
sieht sie als „nicht liebenswürdig" an, aber sie sind
nicht „nicht liebenswürdig" in unserem Herrn Jesus Christus. Wenn Jesus die Männer und Frauen
dieser Welt genug liebte um für sie zu sterben,
dann kann ich ihnen doch wenigstens ein Maß an
Freundlichkeit zeigen. Wenn wir nur die liebens-
würdigen lieben können, stimmt etwas mit unserer
Liebe nicht.

Einige sagen „Ich kann jeden lieben, außer…"
aber Gott macht keine Ausnahmen. Genau die Person, die du zur Ausnahme machst, ist die, genau
die, für die Gott will, dass du dich nach ihr aus-
streckst und sie mit aufrichtiger Liebe ermutigst.

Jemand mag sagen, „Ich liebe sie, aber ich hasse
ihre Art.". Die Tatsache, dass sie den Nebensatz
angefügt haben, zeigt, dass ihre Liebe nicht wirk-

lich aufrichtig ist. Wenn wir Menschen wirklich lieben, sind keine Nebensätze notwendig.

Manche beharren: „Ich liebe sie, aber ich möchte nicht mit ihnen zusammen sein." Die Tatsache, dass du nicht mit ihnen zusammen sein willst, spricht lauter als deine Erklärung sie zu lieben. Lass Gott in deinem Geist wirken, auf dass du in die Lage versetzt wirst, Menschen aufrichtig zu lieben.

Es gibt viele Gründe etwas für die Einheit zu tun. Einer der wichtigsten ist es, dass es schrecklich ist, deinen Brüdern nicht in die Augen sehen zu können, und es ist eine wunderbare Sache, wenn wir frei sind das zu tun. Wenn wir unseren Brüder und Schwestern von Angesicht zu Angesicht und Auge in Auge begegnen, können wir erwarten, dass wir das auch mit unserem Herrn tun. Er ruft uns dazu auf, unsere Liebe einander zu zeigen, wenn wir sagen wir lieben ihn. Johannes schrieb an die Gemeinden:

Wenn jemand behauptet: »Ich liebe Gott!«, aber seinen Bruder oder seine Schwester hasst, ist er ein Lügner. Denn wenn jemand die nicht liebt, die er sieht – seine Geschwister –, wie kann er da Gott lieben, den er nicht sieht? 'Denkt an` das Gebot, das Gott uns gegeben hat: Wer Gott liebt, ist verpflichtet, auch die Geschwister zu lieben.

Johannes 4, 20 + 21

Gott fordert uns zu reiner und aufrichtiger Liebe auf.

Der Herr will, dass wir auf andere so sehen, wie er auf uns sieht, das Herz sehen, den Geist sehen, und dass wir die leidlichen Unterschiede zwischen unserem Bruder und uns vergessen. Ich weiß, dass das nicht den Wegen der Welt entspricht, aber wir sind für eine höhere Ebene geschaffen, dem Bereich der Liebe.

Die Fähigkeit ohne Vorwände, ohne Vorbehalte und ohne einen niedrigen Beweggrund zu lieben, ist göttlich, übernatürlich und Gott möchte das in unsere Herzen legen, als ein Zeichen für alle, dass wir ihm gehören.

Wenn es jemanden gibt, den wir versuchen zu meiden, wenn wir versuchen anderen aus dem Weg zu gehen, müssen wir den Herrn um Hilfe bitten. Das Problem zu meiden wird es nicht lösen. Wenn es jemanden gibt, dem du nicht die Hand geben kannst, jemanden, dem du nicht in die Augen schauen kannst ist seine Gnade für dich genug.

Wir werden darin erprobt, vielleicht heute oder morgen, aber wir sind dazu bestimmt *nicht aufzuhören, einander aufrichtig zu lieben.*

Gott will nicht, dass wir unsere Brüder einfach nur akzeptieren. Er will, dass wir ihre Füße waschen – nicht einfach als ein Ritual, sondern um ihnen jeden Tag Liebe zu zeigen und für sie zu sorgen. Paulus ermahnte:

...dient einander in Liebe.   Galater 5, 13

Möge Gottes Geist in uns wirken.

So wie viele Menschen damit zufrieden sind unterhalb der Armutsgrenze zu leben, sind einige Menschen mit ein bisschen Liebe zufrieden. Aber ich will mehr.

Manche haben Angst zu lieben, denn sie wurden in der Vergangenheit verletzt. Sich selbst verletzlich zu machen ist ein Teil der zur Liebe gehört. Es wird immer welche geben, die unsere Liebe ablehnen. Wenn Jesus nur geliebt und nicht abgelehnt worden wäre, hätte er den Preis für die Rettung nicht zahlen können.

Wir sind alle verletzt wurden, und wir werden alle verletzt werden in der Zukunft. Das ist das Risiko, dass wir auf uns nehmen, aber es ist es wert. Wenn du jemanden nicht liebst, und er dir was antut, interessiert es dich nicht. Es ist Liebe die dich für Verletzungen öffnet. Also erwarte es, akzeptiere es und fahre fort andere zu Lieben.

Deine Liebe kann nicht passiv sein; sie muss aktiv sein.

Ich habe es mir zu Eigen gemacht, niemals in meinem Leben zu sagen „Gott segne dich" ohne es nicht so zu meinen. Ich möchte, dass „Gott segne dich" aus den Tiefen meines Selbst kommt, und dass es aufrichtig und kraftvoll ist. Wenn ich sage „Gott segne dich" setze ich meinen Glauben frei an all die Segnungen. Ich möchte für dich genau dieselben Segnungen, nach denen ich selbst verlange.

Kapitel XVI

Ehren der „unbedeutenden" Mitglieder

„Gerade den Teilen, die wir für weniger ehrenwert halten, schenken wir besonders viel Aufmerksamkeit"

Gerade den Teilen, die wir für weniger eh-renwert halten, schenken wir besonders viel Aufmerksamkeit; gerade bei den Teilen, die Anstoß erregen könnten, achten wir besonders darauf, dass sie sorgfältig bedeckt sind (bei denen, die keinen Anstoß erregen, ist das nicht nötig). Gott selbst, der ´die verschiedenen Teile des` Körpers zusammengefügt hat, hat dem, was unscheinbar ist, eine besondere Würde verliehen. Es darf nämlich im Körper nicht zu einer Spaltung kommen; vielmehr soll es das gemeinsame Anliegen aller Teile sein, füreinander zu sorgen. Wenn ein Teil des Körpers leidet, leiden alle anderen mit, und wenn ein

Teil geehrt wird, ist das auch für alle anderen
ein Anlass zur Freude. ´Das alles gilt nun auch
im Hinblick auf euch, denn` ihr seid der Leib
Christi, und jeder Einzelne von euch ist ein Teil
dieses Leibes.   1. Korinther 12, 23-27

Wir können es uns nicht leisten irgendein Glied am
Leib Christi zu verachten. Die Schrift lehrt uns, die
die wir eher verachten würden, vielmehr zu ehren.
Wir mögen vielleicht nicht ihren Wert erkennen, aber
Gott kennt ihn gut.

Jeder kann eine Person lieben, die einfach eine
liebenswerte Persönlichkeit hat, oder die, vollständig durch den Geist Gottes beeinflusst ist. Jeder will
einen glänzenden, polierten Diamanten. Was ist daran schwierig? Aber wie wird der Diamant zu dem
was er ist? War er schon immer so perfekt geformt?
War er schon immer so wunderschön poliert? Es ist
traurig, aber nur wenige haben die Gabe einen rohen
Diamanten zu erkennen und zu schätzen.

Teil der großen charismatischen Bewegung
war der Versuch Vermögende zu erreichen, und
deswegen wurden Versammlungen oft in den
Ballsälen wunderschöner Hotels abgehalten. Das
Ziel einflussreiche Geschäftsleute und Fachkräfte
zu beeinflussen war ein wertvolles und es gab gute
Ergebnisse. Aber wie auch immer gab es auch eine
traurige Konsequenz dieses Ausstreckens. Wenn

es sich Männer und Frauen nicht leisten können sich einzukleiden und ein Ticket für den Ballsaal zu kaufen, haben sie verpasst was Gott in diesem Moment getan hat. Nachdem das eine Weile so lief, hatten die Menschen den Gedanken, dass Wohlstand und Geistlichkeit irgendwie miteinander verbunden sind.

Viel zu viele sind der Überzeugung, dass der Leib Christi nur aus Menschen besteht deren Hände wunderschön gepflegt sind, die Designerkleidung tragen, und teure Gourmetmahlzeiten zu sich nehmen. Lasst uns dessen bewusst sein, dass diejenigen, die dieses Privileg genießen nur einen kleinen Teil des Leibes Christi ausmachen und das die, die sich diesem Konzept unterstellen nur sehr wenige in der Welt erreichen können. Wenn Wohlstand und finanzieller Erfolg Kriterien für Geistlichkeit sind, muss sich Gott bei 99% der christlichen Welt entschuldigen, weil sie nicht die Bedingungen erfüllen.

Vor ein paar Jahren sprach ich auf einer Tagung im westlichen Texas uns ich bemerkte, dass ich der einzige Sprecher war, der nicht mit einem privaten Flugzeug gekommen war. Aber ich wusste, ich hatte etwas zu bieten. Gottes Liebe ist für alle Menschen, nicht nur für die Reichen und Bekannten.

Nicht alle Glieder des Leibes Christi sind reich. Nicht alle sind gut gebildet. Nicht alle sind das, was die Welt (oder die Kirche) als „erfolgreich" bezeichnet. Nicht jeder ist in der Lage ein Ticket für eine teure Tagung zu kaufen.

Vor zwanzig Jahren war ich in einer Konferenz in Jerusalem mit dem gesalbten katholischen Prediger Vater Francis MacNutt. Er hatte beschlossen, nicht seine festliche Robe anzuziehen, sondern hatte anstatt dessen ein einfaches weißes fließendes Gewand, das Gewand der Armut angezogen. Er erzählte den Menschen, dass Jesus Christus, wenn er heute in der Welt leben würde, es sich vielleicht nicht hätte leisten können auf diese Konferenz zu gehen. Ich applaudierte ihm und ich glaube, dass diese Wahrheit noch viel öfter ausgesprochen werden muss.

Viele Menschen fühlen sich zu unserem bescheidenen Gelände in Virginia hingezogen, weil sie hungrig für Gott sind, und sie hörten, dass Gott uns besucht. Wenn sie ankommen und die Einfachheit der Zimmer, die Kantine und die anderen Versammlungsräume sehen, sind sie entrüstet. Sie haben sich so daran gewöhnt Treffen in Ballsälen zu haben, sodass sie in ihrem Denken große Zugeständnisse machen müssen, wenn sie sich schlechteren Bedingungen gegenüber sehen.

Ich glaube, das was die Menschen mehr beeindruckt wenn sie in unser Camp kommen, ist die Einfachheit vieler Menschen zu sehen die dort sind. Wir machen keine Unterschiede, aber wir haben dasselbe Anliegen für alle Glieder am Leib Christi.

Nichts daran ist falsch sich in einem wunderschönen Hotel in New York City zu treffen und zueinander zu sagen „Lasst die Liebe unter uns fließen". Jeder ist wunderschön gekleidet und später werden alle in einem teuren Restaurant essen gehen. Aber das ist nicht der Leib Christi. Es ist nur eine kleine Gruppe von Repräsentanten des Leibes Christi.

Wer sind die *„weniger ehrenwerten"* Glieder des Leibes Christi, die Teile, die wir als weniger wichtig empfinden, die armen und arbeitenden Menschen? Wenn wir es verpassen, die zu bemerken, die unserer Ansicht nach weniger wert sind und wir ihnen nicht mehr Ehre zukommen lassen, wird Gott uns nicht erlauben uns in größerer Herrlichkeit zu bewegen. Er fordert gleiche Behandlung aller seiner Kinder.

Ein Paar mit einem sehr wohlhabenden Hintergrund kam zu unserer Gemeinde hinzu. Ihr ganzes Leben lang haben sie eine Gemeinde besucht, wo jeder wunderbar parfümiert war und die Luft gefiltert und gereinigt wurde. „Riechen Pfingstler anders?" fragte mich Patti eines Tages, nachdem sie bemerkte, dass andere Leute in unserem Camp nicht annähernd so gut Parfümiert waren wie ihr Freundeskreis.

„Das ist kein Unterschied gegenüber Pfingstlern, den du bemerkst", sagte ich ihr. „Es ist ein Unterschied in der ökonomischen Ausgangssituation verschiedener Menschen."

Wir sollten unter uns sowohl Wohlhabende als auch Arme haben. Wir sollten solche haben, die gut gebildet sind, und wir sollten solche haben, die es nicht sind. Die Fülle des Leibes Christi ist eine repräsentative Sammlung der ganzen Gesellschaft.

Meine Eltern hatten immer eine Last für Arme. Sie waren in unserer Stadt bekannt für ihre Liebesbekundungen. Sie haben nicht nur von Liebe gesprochen; sie haben sie gelebt. Deswegen bestand meine Mutter darauf, dass ich neben Menschen saß, die sonst keiner zum Weihnachtsessen einlud. Wenn ich zurückschaue auf das, was Gott in meinem Leben getan hat, bemerke ich, dass ich viel meiner Familie verdanke, die mich lehrte, weniger ehrenwerte Glieder zu ehren, und die *„anstoßerregenden"* mit großer Ehre zu schätzen. Gott hat angeordnet, dass es *nicht zu einer Spaltung im Leib kommen darf.*

Als wir das erste Mal nach Jerusalem gingen, war ich besorgt, denn es gab einen großen Bedarf für Prediger mit einem pastoralen Herzen für alle die den Ruf Gottes für diese Stadt spürten. Unter denen die kamen, war eine überraschende Zahl einfacher Leute. Manche banden ihre Schuhe nicht richtig und andere, waren auf andere Weise nicht gut gekleidet. Aber sie hatten eine Last für Seelen und haben auf Gottes Ruf geantwortet.

Ein Mann der in diese Kategorie fiel hatte eine sehr große Familie. Er wurde von vielen Organisationen wegen seines Aussehens gemieden, aber wir baten Gott um Hilfe um uns nach ihm auszustrecken und wir haben es getan. Gott zeigte uns außerdem wie wir andere bescheidene Gläubige in der Region erreichen konnten.

Während wir in Frankreich lebten und jüdische Menschen in ganz Europa erreichten haben wir erfahren, dass es in Jerusalem eine Heilig Geist Konferenz geben sollte und ich flog zurück zu dieser Konferenz. Die Organisatoren hatten viele die zu dieser Zeit in Israel lebten auf die Tribüne eingeladen, aber als ich durch die Gruppe ging bemerkte ich, dass keine „kleinen Leute" dabei waren.

Ich fragte jemanden, „Wo ist Schwester Miriam? Sie ist eine der erstaunlichsten jüdischen Seelengewinnern. Warum ist sie nicht hier?"

„Sie konnte sich den Eintritt nicht leisten," wurde mir gesagt.

„Wo ist der kleine Bruder Levy?" fragte ich. „Er ist einer der bemerkenswertesten Gebetskämpfer in Israel."

„Dasselbe Problem", wurde mir gesagt. „Er konnte es sich nicht leisten zu kommen.".

Ich fing an um Tickets zu bitten um zu sehen, wie wir diesen und anderen ansässigen Heiligen helfen könnten die Konferenz zu besuchen. Vielleicht brauchten sie nicht einmal Ausweise wenn sie mit uns kämen. Wir haben unsere eigene Konferenz 1972 in demselben Konferenzzentrum abgehalten und die Türsteher erinnerten sich an mich und wanken mich schnell durch.

Wir haben Taxis durch die ganze Stadt geschickt um solche bescheidenen Diener Gottes in das Konferenzzentrum zu bringen. Vielleicht empfanden sie andere nicht als wichtig oder dem speziellem Aufwand wert, aber Gott sagte von vielen bescheidenen Menschen in biblischen Tagen, dass die Welt ihrer nicht würdig war. Diese Menschen hätten vielleicht reich sein können (wenn sie das gewählt hätten). Anstatt dessen haben sie sich selbst verleugnet damit die Arbeit Gottes weitergehen könnte und ich wollte sie ehren.

Dank Gott waren wir in der Lage alle zu dieser Konferenz zu bringen. Er hat uns geboten uns um diejenigen unter uns zu kümmern, die als geringer geachtet werden und sie gleich zu behandeln. Diejenigen, die eine Million Dollar haben, und diejenigen, die nicht einen einzigen Cent in ihren Taschen haben sind gleichwichtig für Gott und sollten das auch für uns sein.

Über mehrere Jahre schien niemand zu wissen wo wir waren, wenn Menschen (die gut gekleidet waren und wohlhabend schienen) nach Jerusalem kamen und andere Dienste danach fragten, wo sie die Hef-

lins oder den Mt. Zion Dienst finden. Wenn arme
Menschen kamen, und sie nach einem Platz suchten, wo sie bleiben und etwas zu essen bekommen
könnten, und einen Weg suchten einen Dienst aus
Glauben heraus zu beginnen, kannte uns jeder und
empfahl uns. Wir waren froh diesen Menschen zu
helfen, aber betrübt darüber, dass so ein Unterschied
gemacht wurde (zwischen den Wohlhabenden und
den nicht so Wohlhabenden). Das sollte nicht sein.

Als Oral Roberts vor vielen Jahren nach Richmond
kam erzählten ansässige Pastoren ihren „Altardie-
nern", „wenn arme Leute vorkommen um den Herrn
anzunehmen, lass das die Heflins übernehmen. Sie
haben einen Dienst für die Armen.". Als die nächste
große Versammlung stattfand fragten einige Prediger
meinen Vater „Wo hast du diese wunderbaren Diener
vor dem Herrn her?".

„Oh," antwortete mein Vater, „das sind einige,
der armen Menschen für die du nicht beten wolltest.
Nachdem sie gerettet waren und sie begannen ihren
Zehnten zu zahlen wurden sie wohlhabender. Nun
besitzen sie ihr eigenes Zuhause."

Wir haben bemerkt, wie manche Dienste in Jerusalem besessen waren, sehr bekannte Prediger zu
Besuch zu haben. Sie verbringen ihre Zeit bei den
besten Hotels um wichtige Menschen zu treffen.
Wir beschlossen uns auf die Bescheidenen zu konzentrieren. Anstatt all unsere Zeit mit den „großen

mächtigen" zu verbringen, fühlten wir uns geführt dem gesamten Leib Christi zu dienen. Jetzt, Jahre später, beginnen viele zu sehen, dass sie diesbezüglich Fehler gemacht haben.

Jemand schlug vor eine bekannte Band in unsere Gemeinde in Jerusalem einzuladen um die Mengen heranzuziehen. Aber wenn Erweckungen ausbrechen, kommen Menschen, auch ohne bekannte Bands. Gott wählte es die Demütigen zu erhöhen und es ist Zeit, dass wir lernen dasselbe zu tun.

Wir hatten ein Appartement in Jerusalem und dutzende gemietete Anwesen über das ganze Land verteilt, aber Gott zeigte uns, dass er wollte, dass wir auch ein Haus haben. Wir suchten eine ganze Weile ein geeignetes Haus und manchmal war der Immobilienmakler sehr frustriert über uns. Häuser sind in Jerusalem sehr teuer, aber wir beharrten weiter darauf, dass Gott etwas Besseres für uns hat, als wir gesehen hatten.

Irgendwann rief ein Mann an und sagte, „Ich habe nun einen Ort für euch.". Wir gingen uns das Haus anschauen das er gefunden hat und tatsächlich, es war genau das was wir brauchten. Es war eines der größten Häuser in Jerusalem und Gott sagte uns was wir dafür aufwenden sollten. Es hätte uns tausende Dollar pro Monat gekostet um es zu mieten, aber Gott gab es uns zum Bruchteil der Kosten. Ein Mann der in der Nähe wohnte bot uns an, das Haus zu möblieren und wir sollten ihnen bezahlen wenn wir das könnten, so waren wir auch in der Lage schnell Möbel für das Haus zu haben.

Als wir das Haus dann hatten und es möbliert war, gaben uns plötzlich Leute die Hände, die das vorher nicht getan hatten. Menschen, die nie wussten das es uns gab, waren sich dessen plötzlich bewusst. Diese Dinge sollten im Leib Christi nicht so sein. Wenn Menschen uns lieben können, weil wir plötzlich ein großes Haus haben sind wir alle in Schwierigkeiten.

Da sind Brüder und Schwester die prophezeien, aber wir schätzen, dass Wort ihrer Lippen nicht, weil sie uns so gering vorkommen. Wir legen kein Gewicht in Mahnungen die sie geben, weil sie ein Wort falsch aussprechen, oder auf irgendeine andere Weise preis geben, dass sie nicht hoch gebildet sind.

Manchmal empfangen wir ein Wort von einer bekannten Person und wir akzeptieren es als von Gott kommend, wenngleich wir das identische Wort nicht angenommen hätten, wenn es von einer „geringeren" Person gekommen wäre. Ich glaube, dass das uns große Dinge, die Gott für uns hat verpassen lässt. Bei ihm geht es *nicht um das Ansehen der Person* und er erwartet das gleiche von uns.

Vor Jahren war mein Onkel Bill Pastor der renommierten Bethel Tempel Assembly of God Church in Tulsa, Oklahoma. Es kam zum Ölboom und er hatte den höchsten wöchentlichen Zehnten unter allen

Assembly of God Gemeinden in Amerika. Eines
Tages kam ein junger Mann zu ihm und sagte, „Bruder Ward, ich betete und der Herr sagte mir er will
Erweckung nach Tulsa senden. Er gebraucht mich
um Erweckung zu bringen, aber ich habe deine Gemeinde gewählt um die Versammlungen zu haben."

Bruder Ward schaute den Mann an und sagte
vorsichtig, „Bruder, wird sind einfach nicht in der
Position gerade eine andere Erweckungsversamm-
lung zu haben. Wir hatten jüngst eine und wir haben
schon eine in nicht allzu ferner Zukunft geplant. Das
ist gerade nicht der passende Zeitpunkt."

Der Mann sagte, „Bruder Ward, ich will dir
nochmal sagen, was Gott mir gesagt hat" und erzählte alles noch einmal. Wieder gab mein Onkel
die logische Entschuldigung und versuchte elegant
aus dieser unbequemen Situation zu entfliehen. Er
konnte sich nicht vorstellen, dass dieser geringe
Bruder große Erweckung nach ganz Tulsa bringen
würde.

Dann sagte der Bruder, „Bruder Ward, da du
mir nicht entgegenkommst, würde es dir etwas
ausmachen, wenn ich die Straße lang gehe und die Versammlung in einer nahegelegenen Gemeinde mache?"

„Nein Bruder, keine Sorge," antwortete mein Onkel, „mach ruhig."

„Ich will mich versichern, dass du dir keine Gedanken darum machst, weil Gott Erweckung senden

wird und ich vermute er wird sie in diese andere Gemeinde senden," beharrte der Mann.

„Alles in Ordnung, Bruder. Geh nur und fühl dich frei," stimmte mein Onkel zu.

Was als nächstes passierte erstaunte jeden. Der Bruder predigte bei der größten Erweckung die Tulsa je erlebt hat und jeden Tag ärgerte sich mein Onkel ein bisschen, denn er hatte unter der Einfachheit dieses geringen Predigers, nicht die wahre Berührung Gottes auf seinem Leben gespürt.

Jahre später ging ich zum 20. Jubiläum des Voice of Healing Ministry[1] at Christ for the Nations[2] und hörte, wie Paul Cain seine Geschichte erzählte. Ich ging nach dem Gottesdienst zu ihm und erzählte ihm, dass ich die Geschichte immer von der anderen Seite hörte aber Onkel Bill hatte nie den Namen dieses jungen Mannes erwähnt. Ich war so froh, zu hören, dass es Bruder Paul Cain war. Es war seine erste große Erweckung.

Wir sollten nicht daran arbeiten müssen unsere „geringen" Brüder zu schätzen. Es sollte automatisch geschehen. Gott hat uns angewiesen, die unter uns zu ehren, die für die Welt nicht ehrenwert erscheinen.

---

1 Dienst der Stimme der Heilung
2 Christ for the Nations, Dallas ist ein von Gordon Lindsay gegründeter Dienst; deutscher Zweig ist das Glaubenszentrum Bad Gandersheim.

Gott hat mir gesagt, dass wenn er uns ein krankes Glied am Leib Christi sendet, die Person immer noch Teil des Leibes ist. Wir müssen daraufhin wirken, dass es ihm besser geht, und ihn nicht dazu bringen, dass er geht oder abfällt. Wenn Gott uns ein lahmes Glied schickt, dann ist es unsere Pflicht das zu bemerken und darauf hinzuwirken das er Heilung empfängt.

Wir sind schuldig geworden schwache Glieder loszuwerden, sie zu verstecken, auf das sie niemand sieht oder sie wegzunehmen, auf dass wir nicht mit ihnen umgehen müssen, aber Gott tut genau das Gegenteil. Er häuft besondere Ehre über sie.

Gott hat mir ein einfaches Lied gegeben:

> *Als ein Leib, als ein Volk (3x)*
> *Bewegen wir uns zusammen in Gott.*
> *Einheit in der Herrlichkeit (3x)*
> *Bewegen wir uns zusammen in Gott.*

Warum sollte uns das irgendwie überraschen oder betrüben? Wenn jedes Glied ehrwürdig ist, dann strotzt der ganze Leib voller Ehre. Warum sind wir so traurig, wenn Gott die Geringen ehrt? Diese Ehre berührt uns alle.

Kathryn Kuhlman hatte so einen unnormalen Dienst, dass viele Leute des Leibes Christi sich schämten sie als ein Teil von Gottes Familie zu akzeptieren. Sie wurde stark kritisiert und sogar getadelt. Wenn Menschen später bemerkten, wie einzigartig ihre Gabe war und wie großartig ihre Beziehung zu Gott war, wollten sie alle mit ihr befreundet sein und ehrten sie. Gott sucht solche, die die Glieder am Leib schon erkennen, bevor sie bejubelt werden.

Unser Mangel an Erkenntnis diesbezüglich lähmt uns und verursacht Spaltung in unseren Reihen. Ein zerrissener Körper kann nicht effektiv für Gott sein. Er ruft uns vorwärts als ein Leib und ein Volk.

Als ich ein kleines Mädchen war, hatten wir eine einfach Ladenfront als Gemeinde in Richmond, und es war während dieser Zeit als Gott anfing unserer Stadt Erweckung zu senden. Er sandte den „kleinen" David Walker und Raymond G. Hoekstra in die Stadt und sagte ihnen, sie sollten die große Moschee für eine Evangelisation mieten. Sie brauchten einen örtlichen Pastor als Sponsor, jemanden der die Verträge unterzeichnet und Werbungen in die Zeitungen bringt, und viele der ansässigen Pastoren waren unwillig das zu tun. Und trotz, dass wir nur eine kleine Gemeinde hatten, genossen meine Eltern hohes Ansehen, und wenn sich kein anderer Prediger bereit zeigte, die Versammlungen als Sponsor zu unterstützen, übernahm es mein Vater.

Als Gott Erweckung sandte war die Moschee schnell gefüllt. Jeden Abend waren fünftausend in

dem Hörsaal und weitere fünftausend draußen und
versuchten hineinzukommen. Als es sichtbar wurde, was Gott tat, entschieden sich alle ansässigen
Prediger mit den Versammlungen zu kooperieren,
aber meine Eltern waren auf der Tribüne und hatten
eine Hauptrolle, nur weil sie von Anfang an daran
geglaubt hatten und bereit waren ihre finanzielle
Zukunft und ihr Ansehen unter den Brüdern zu
riskieren. Weil wir bereit waren, Menschen zu
helfen, die relativ unbekannt waren, segnete Gott
unsere Familie und der Erfolg in unserem Dienst
in Richmond stammt aus dieser Zeit.

Vater stand neben Klein David und sah wie diese
Wunder geschahen. Er sah, wie ein Augapfel innerhalb eines Momentes in einer leeren Augenhöhle
geschaffen wurde. Er sah, wie ein Schüler der Schule
für Hör- und Sprachbehinderte geheilt wurde. Klein
David war der einzige Prediger, der je unsere Stadt
erschüttert hat und wir waren Teil davon.

Weil Gott uns zur Liebe aufgerufen hat, können
wir nicht heraussuchen wenn wir lieben wollen.
Wenn wir entscheiden einige zu lieben und andere
nicht, berauben wir uns, so oft wie wir das tun, der
Fülle an Freude und der Stärke, die sie in unser Leben bringen kann.

Jesus lehrte uns sogar die *Geringsten* unter uns zu
lieben. Er sagte:

> *Darauf wird der König ihnen antworten: ›Ich*
> *sage euch: Was immer ihr für einen meiner*
> *Brüder getan habt – und wäre er noch so ge-*
> *ring geachtet gewesen –, das habt ihr für mich*
> *getan.‹*   Matthäus 25, 40

Was immer wir haben mögen, es gibt immer welche, die geringer sind und die unsere Hilfe brauchen und wir werden gesegnet wenn wir ihnen in dem Prozess zu helfen. Lasst uns den Geist Gottes erlauben in unserem Geist eine neue Gnade zu kultivieren. Lasst ihn in unseren Geist das Verlangen legen andere in Liebe und Fürsorge zu erreichen.

Einer meiner Lieblingsverse der Bibel diesbezüglich ist:

> *Geht vielmehr freundlich miteinander um, seid*
> *mitfühlend und vergebt einander, so wie auch*
> *Gott euch durch Christus vergeben hat.*
>   Epheser 4, 32

Die einfache Freundlichkeit des Heiligen Geistes geht einen langen Weg um anderen die Liebe Gottes zu zeigen. Die Fähigkeit gnädig zueinander zu sein ist von ihm. Wir alle wissen diese Dinge, aber manchmal müssen wir dazu bewegt werden uns an das zu erinnern was wir bereits für wahr erachtet haben, dem Aufmerksamkeit schenken und es in die tägliche Aktion hineinnehmen.

Wir sind eine Familie und wir müssen uns nicht irgendeines Mitgliedes schämen. Ich war eingeladen auf einer sehr großen Versammlung zu sprechen und ich dankte denen die mich eingeladen haben. Ich war schockiert als der Organisator zu mir sagte „Schwester Ruth, wir haben dich schon immer geliebt. Wir haben einfach manche nicht geschätzt mit denen du arbeitest."

Wir gehen nicht durch die Gegend und entschuldigen uns für jeden Onkel, jede Tante und jeden Cousin den wir in unserer natürlichen Familie haben. Sie sind Familie und es muss nichts gesagt werden, und so sollte es auch mit Gottes Familie sein. Jede Familie hat eine merkwürdige Tante Mary und einen komischen Onkel Jim. Wir stellen Onkel Jims und Tante Marys unseren Gästen vor und lassen sie von vorn herein wissen, dass sie etwas verschroben sind aber wir uns ihrer nicht schämen. Sie sind Teil unserer Familie. Genauso hat Gott uns gerufen die zu lieben und zu schätzen, die meistens ungeliebt sind und nicht geschätzt werden. Wir sollen es nicht nur oberflächlich tun, sondern in völliger Aufrichtigkeit.

Wir sind in die Familie Gottes hineingeboren und die Tatsache, dass wir einige Verwandte in verschiedenen Teilen der Erde haben und sie sehr

verschieden von uns sind, sollte uns nicht auf
irgendeine Weise beunruhigen. Manche unserer
Brüder essen mit ihren Händen (und ich genieße
es mit ihnen zu essen), und einige unserer Brüder
essen mit Stäbchen (und ich genieße es auch mit
ihnen zu essen), und andere Brüder tun seltsamere
Dinge (und ich schäme mich trotzdem nicht). Sie
sind meine Brüder und sie denken, dass wir in
unserem Land auch sehr merkwürdige Dinge tun.
Zum Beispiel sind die Japaner geschockt, weil wir
in dreckigem Badewasser sitzen. Sie seifen sich ein,
schrubben sich und spülen sich ab, bevor sie sich
in eine heiße Wanne setzen.

Es gibt wunderbare Dinge die über Gemeinden
in jedem Land gesagt werden könnten, und ich
habe gelernt und bin sehr bereichert wurden durch
Gläubige aller Nationen. Ich empfinde die Korea-
nische Kirche als die größte Gemeinde im Gebet.
Ich erachte die Indische Kirche, als Kirche mit der
größten Bibelkenntnis. Ich betrachte die Chinesische Kirche als auffallend durch ihre Einfachheit
des Glaubens. Ich liebe die kenianischen Brüder
wegen ihrer Willigkeit für das Reich Gottes Opfer
zu erbringen. Kein Preis ist für sie zu hoch. Aber
die Menschen verschiedener Nationen tun Dinge
sehr unterschiedlich. Die Leute verschiedener
Nationen beten unterschiedlich, und ich liebe es,

sie alle beten zu hören. Die Verschiedenartigkeit ihrer Gebete ist wie ein geistlicher Regenbogen an Gottes Himmel.

Gottes große Familie ist wunderbar, und ich bin stolz ein Teil von ihr zu sein.

Kapitel XVII

Das Geschenk der Liebe Gottes

„Liebe deckt alle Vergehen zu!"

Hass bewirkt Streit, doch Liebe deckt alle Vergehen zu. Sprüche 10, 12

Was für eine wunderbare Wahrheit! Liebe deckt alles zu!

„Liebe deckt zu," darum lass alles Anstößige und Irritierende an deinen Brüdern und Schwestern von ihr bedecken. Lass sie die Verletzungen und Schmerzen der Vergangenheit bedecken. *„Liebe deckt zu"* also lass es wirken.

Liebe ist so ein wichtiges Thema, das der Apostel Paulus ein ganzes Kapitel in seinem ersten Brief an die Korinther dazu schrieb. 1. Korinther 13 zeigt uns nicht nur was Liebe ist, sondern lehrt uns auch, dass wir sie nicht erzeugen müssen damit sie an uns arbeitet. Wir können das nicht tun, auch wenn wir es versuchen. Liebe ist ein Geschenk Gottes. Es ist *seine* Liebe und wegen seiner Liebe. Nichts kann Liebe ersetzen und wir brauchen alle mehr von ihr.

Liebe ist ein Geschenk von Gott.
Er hat sie dir und mir gegeben.

Paulus beginnt dieses kraftvolle 13. Kapitel damit uns zu zeigen, wie wichtig und unersetzlich Liebe ist:

Wenn ich in Sprachen rede, die von Gott einge-
geben sind – in irdischen Sprachen und sogar in
der Sprache der Engel –, aber keine Liebe habe,
bin ich nichts weiter als ein dröhnender Gong
oder eine lärmende Pauke.

1. Korinther 13, 1

Sprachengebet ist eine wunderbare Gabe und es hat viele von uns in himmlische Bereiche erhoben, aber wenn es nicht mit Liebe einhergeht, klingen wir wie *„ein dröhnender Gong oder eine lärmende Pauke"*.

Wenn ich prophetische Eingebungen habe, …
aber keine Liebe habe, bin ich nichts.

1. Korinther 13, 2

Selbst wenn wir eine Gabe empfingen, die so groß ist, wie die von Jesaja, Jeremia, Hesekiel und Daniel (oder sogar eine Gabe, die so groß ist, wie alle zusammengenommen) und wir keine Liebe haben, können wir nichts erreichen. Jede Gabe des Heiligen Geistes, egal wie groß, funktioniert nur proportional zu der Liebe die für andere in unserem Herzen ist. Diese Gaben sind uns gegeben, um sich um Menschen zu kümmern und ihnen zu dienen.

> *... wenn mir alle Geheimnisse enthüllt sind ...*
> *aber keine Liebe habe, bin ich nichts.*
>   1. Korinther 13, 2

Gottes Geheimnisse zu verstehen, ist eine meiner größten Sehnsüchte, deswegen muss ich sicher gehen, dass die Motivation dazu immer Liebe ist.

> *... und ich alle Erkenntnis besitze... aber keine*
> *Liebe habe, bin ich nichts.*
>   1. Korinther 13, 2

Es ist sicher nichts Verkehrtes daran alle Erkenntnis zu besitzen, aber ohne Liebe wäre sie wertlos.

> *... wenn mir der Glaube im höchsten nur*
> *denkbaren Maß gegeben ist, sodass ich Berge*

versetzen kann –aber keine Liebe habe, bin ich nichts.   1. Korinther 13, 2

Glaube ist kraftvoll, und wir brauchen alle mehr davon, aber selbst Glaube ohne Liebe lässt uns leer zurück. Selbst ein Glaube so groß um Berge zu versetzen, ist nichts ohne Liebe.

Der Herr nimmt das alles in einen Blickwinkel. Er sagt nicht, dass wir nicht die Fähigkeit brauchen in Sprachen zu sprechen oder zu prophezeien, oder Berge durch unseren Glauben versetzen zu können, aber er sagt uns, dass das alles nichts ist, ohne die Kraft, die uns motiviert – Seine Liebe.

Er fährt fort:

Wenn ich meinen ganzen Besitz an die Armen verteile, … aber keine Liebe habe, nützt es mir nichts.   1. Korinther 13, 3

Was kann daran falsch sein alles was man besitzt wegzugeben und den Armen Nahrung zu geben? Wir würden alle die Person die das tut respektieren. Aber wenn es getan wird, dann muss es mit einem Herz der Liebe für Gott getan werden. Wenn nicht ist es eine leere Geste.

Was sagt Paulus noch über Liebe?

Liebe ist geduldig.
Liebe ist freundlich.
Sie kennt keinen Neid,
Sie spielt sich nicht auf,
Sie ist nicht eingebildet.   1. Korinther 13, 4

Sie verhält sich nicht taktlos,
Sie sucht nicht den eigenen Vorteil,
Sie verliert nicht die Beherrschung,
Sie trägt keinem etwas nach.
1. Korinther 13, 5

Sie freut sich nicht, wenn Unrecht geschieht,
aber wo die Wahrheit siegt, freut sie sich mit.
1. Korinther 13, 6

Alles erträgt sie,
in jeder Lage glaubt sie,
immer hofft sie,
allem hält sie stand.   1. Korinther 13, 7

Die Liebe vergeht niemals.
1. Korinther 13, 8

Ich kann diese Verse selten lesen, ohne überführt zu werden, der Herrlichkeit Gottes diesbezüglich nicht gerecht geworden zu sein. Aber ich glaube, dass der Herr, wie auch immer, uns helfen will wenn wir Seine Hilfe aufrichtig ersehnen.

Wen sollen wir lieben? Afrikaner? Chinesen? Indonesier? Das ist zu einfach. Wenn wir nicht oft Chinesen treffen, und wir deswegen nicht viel mit ihnen zu tun haben, ist es einfach mit ihnen umzugehen. Es sind die Menschen, mit denen wir täglich Umgang haben und bei denen wir es schwer finden, sie zu lieben, und genau diese Menschen sollen wir lieben.

> *Wirklich gut handelt ihr, wenn ihr dem königlichen Gebot unseres Herrn gehorcht, wie es in der Schrift steht: »Liebe deinen Nächsten wie dich selbst.« Wenn ihr aber einen Menschen bevorzugt, werdet ihr schuldig, denn ihr missachtet dieses Gesetz.* Jakobus 2, 8 + 9

Die alten Sprichwörter, „Die Liebe wächst mit der Entfernung" und „zu viel Vertraulichkeit schadet nur" sind nur zu wahr. Wir können nicht darauf bestehen, die zu lieben, die fern von uns sind, während wir die, die uns umgeben nicht lieben.

Es ist einfacher Menschen zu lieben, die jenseits des Ozeans wohnen. Wir meinen, dass wir die Menschen von Indien lieben und unser Leben für sie geben würden. Es ist die Person, die in der Kirche neben uns sitzt, die wir einfach nicht leiden können.

Viele haben eine Last für die Eskimos, vielleicht aus einem bestimmten Grund: Sie sind so weit weg.

Möge Gott uns helfen! Er ruft uns in Einheit mit denen zu sein, die wir kennen und täglich begleiten. Er möchte, dass die ganze Welt weiß, dass er seinen Sohn gesandt hat um sie zu retten, und sie können es nur wissen, wenn wir ihnen seine Liebe weitergeben.

Gottes Liebe dehnt sich über Nationen aus und wenn wir Einheit im Leib Christi leben wollen, muss unsere Liebe sie ebenso umfassen. Einige Menschen haben Gott über Jahre hinweg gedient, aber noch immer haben sie keine Liebe für die Nationen. Das ist für mich schwer zu verstehen, aber es passiert. Wie können wir Gott lieben aber nicht die Nationen?

Jedes Mal wenn Johannes in der Offenbarung den Thron Gottes sah, sah er auch Nationen, Menschenmengen. Wir können nie zum Thron Gottes kommen, ohne ein Bewusstsein für die Nationen und seine Liebe für sie zu bekommen. Gott möchte uns herausfordern und unsere Vision für die Menschen die er liebt vergrößern.

Die, die unsere Versammlungen im Camp besuchten wurden gesegnet indem sie Menschen von vielen Nationen kennen lernten, die ebenfalls gekommen waren. Diese verschiedenen Menschen zu kennen, hat vielen Amerikanern, die in das Camp kamen eine Liebe für die Nationen ins Herz gegeben.

Als wir einmal vor vielen Jahren in Bethlehem beteten, waren wir alle unter der Kraft Gottes auf dem
Boden des Gebetsraumes. Wir waren für viele Stunden
im Gebet versunken. Als wir dann wieder auf unsere
Füße kamen und die Offenbarungen teilten, die wir
bekommen hatten, sagte eine unsere Schwestern, „Ich
komme gerade aus einem fremden Land zurück". Als
sie das sagte, hörten wir den Klang der Ewigkeit in
ihrer Stimme und wir begannen zu weinen.

„Ich wurde von dem Geist zu einem kleinen Haus
oder einer Hütte gebracht", fuhr sie fort. „Vor dem
Haus war eine Frau, die in ihrer Sprache zu mir
sprach. Ich weiß nicht welche Sprache sie gesprochen
hat, aber ich habe verstanden was sie sagte.

Als ich mit ihr in ihrer Sprache sprach, erzählte
sie mir, dass ihr Sohn im Haus im Sterben lag. Ich
ging hinein, legte dem sterbenden Sohn die Hände
auf und er war geheilt und stand auf.

Als ich bereit war zu gehen (und ich sprach mit
dieser Frau immer noch in ihrer Sprache), sagte sie
zu mir, „Ich möchte, dass du zurückkommst."

Dann sagte die Frau, „Du bist hier in Pokhara.""

Ich habe nur darauf gewartet, dass sie das sagt.
Sie konnte nicht wissen wo Pokhara war (westlich
von Katmandu in Nepal). Ich wusste es nur, weil ich
selbst in Nepal gewesen war.

Sie hatte die Hütte als „direkt an einem wunderschönem See" gelegen beschrieben. Sie sagte, dass

hinter dem See ein großer Berg war. Sie beschrieb seine Umrisse. Ich hatte genau diesen Berg in Pokhara gesehen, als ich meinen Freund den Prinzen, den Onkel des gegenwärtigen Königs von Nepal besuchte. Er hatte ein Ferienhaus neben dem See mit dem Berg im Hintergrund.

Die Schwester die diese Vision hatte war noch nie in Nepal und wusste nichts über die Menschen da, aber Gott hat sie im Geist dahin gebracht und ihr auf übernatürliche Weise Liebe für die Leute in Nepal ins Herz gegeben.

Gottes Liebe ist genauso übernatürlich wie die Gabe der Zungenrede. Sie ist nicht *von* uns und entspringt nicht aus uns. Wenn wir die Liebe des Heiligen Geistes herstellen könnten, würden wir sie in Flaschen abfüllen und die Welt wäre bereits gerettet. Wenn wir nur ein winziges bisschen der Liebe des Heiligen Geistes bekommen und sie in einer Flasche zum Verkauf anbieten würden, wären wir bereits Millionäre.

Wir brauchen sie nicht kaufen. Obwohl Gottes Liebe kostenlos ist, hat er sie uns versprochen. Oh wenn wir nur die Liebe Gottes mehr anwenden könnten, und sie gut nutzen könnten um unsere engsten Beziehungen damit Instand zu halten! Was würde das für eine andere Welt sein!

Wenn wir bereit sind uns selbst für diese Welt zu öffnen, wird Gott Liebe in uns legen und sie wird aus

uns heraus zu Männern und Frauen überall fließen.
Wenn wir bereit sind unsere Herzen für die zu öffnen, die um uns herum sind, wird Gott Liebe in uns
hineinlegen und sie aus uns herausfließen lassen zu
unserer Familie, unseren Freunden und den anderen
Mitgliedern der Gemeinde. Wenn wir unsere Herzen
für jemanden verschließen beengen wir die Liebe
Gottes, und der Fluss seiner Liebe wird austrocknen.

Wir können Liebe nicht herstellen. Wir haben
es alle versucht, aber bemerken, dass wir Mangel
haben. Aber wenn wir in die Gegenwart Gottes kommen sind die Sachen, die uns so irritierten plötzlich
vergessen. Gott hat kübelweise weitreichende Liebe
für jeden von uns, bereit sie über uns auszugießen,
wenn wir bereit sind sie zu empfangen.

Wenn Gottes Liebe in uns arbeitet, bemerken wir
die Dinge nicht mal mehr die uns vorher genervt
haben. Das ist nicht normal, aber das ist Gottes Weg
zu wirken.

Es gibt nichts was perfekter ist als Liebe. Es
gibt kein höheres Wissen als Liebe. Es gibt nicht
mehr Weisheit als Liebe. Es gibt keine größere Offenbarung als Liebe. Wir sollten deswegen nicht
überrascht sein, wenn wir manchmal plötzlich bemerken, dass wir darin Mangel haben. Gerade wenn
wir denken, wir bekommen gute „Noten" für die
Liebe, beginnt uns jemand zu ärgern, und es braucht
alles um die Irritation die wir fühlen zu überwinden.

Oft höre ich Leute sagen, „Ich mochte die Person wirklich – bis ich sie kennen lernte. Nun mag ich ihn nicht mehr." Es sollte genau andersrum sein. Je mehr wir Gottes Liebe kennen lernen, sollten wir sie lieben. Wenn wir die Herzschmerzen anderer, ihren Ärger, ihre Kämpfe im Leben, die Dinge, die passierten und sie zu dem machten was sie heute sind kennen lernen, sollten wir sie vielmehr würdigen können. Es lässt uns erkennen, warum sie auf manche Dinge so reagieren, wie sie reagieren, und es sollte bereit machen diese Dinge vielmehr übersehen zu können. Wenn wir anfangen den Herzschlag anderer zu fühlen, und einen kurzen Einblick in ihre täglichen Wege bekommen sollte unsere Liebe und unsere Würdigung für sie ebenso anwachsen.

Es ist uns unmöglich in den Schuhen eines anderen zu gehen, weil jeder von uns eine andere Gnade empfangen hat. Was mich ärgert, mag dich nicht ärgern, und was dich zu Fall bringt mag für mich klein aussehen. Ich hab etwas erlebt, was du noch nicht erleben musstest, aber du hast sicher etwas erlebt, das mir Vorteil verschaffen würde. Der Herr will, dass wir anfangen den anderen zu sehen wie er, sein Herz zu sehen, den Geist zu sehen und die leidlichen Dinge vergessen, die uns so sehr ärgern. Ich weiß, das ist nicht der Weg der Welt, aber wir sind in einen höheren Bereich berufen, den Bereich der Liebe.

Meine Eltern liebten Menschen und sie haben diese Liebe in meine Schwester, meinen Bruder und mich hineingelegt. Wenn das Haus nicht voller Leute ist, lade ich welche ein. Oft kehrt jemand mit mir aus den Zeiten des Dienstes zurück, ob nach Jerusalem oder jetzt nach Virginia.

Wir brauchen einander, und wir werden einander in den kommenden Tagen noch mehr und mehr brauchen. Wir haben es bis hierher nicht ohne Hilfe geschafft, und wir können es ohne Hilfe auch nicht nach Hause schaffen.

Du kannst dir nicht vorstellen, wie wichtig ein bestimmter Körperteil ist, bis dessen Unterfunktion dir überall Schmerzen hervorruft. Selbst das kleinste Glied wird in dem ganzen Leib Schmerzen verursachen. Ein kleines Gelenk lässt uns krächzen und ächzen und uns beschweren. Es kann dir so große Schmerzen verursachen, dass du an nichts anderes mehr denken kannst. Und plötzlich weißt du, wie wichtig dieser Körperteil ist. Gott möchte uns auf die schmerzloseste Art und Weise zeigen, wie wichtig wir für einander sind und wie sehr wir einander brauchen.

Du magst denken, dass du berechtigte Gründe hast schlechte Gefühle gegen einen Bruder zu haben, aber durch Golgatha gibt es keinen berechtigten Grund etwas Negatives gegen einen Bruder zu fühlen. Dir wurde vergeben, und Gott erwartet auch dass du vergibst.

Manchmal, wenn wir traurig sind über irgendetwas Verletzendes das uns gesagt oder getan wurde denken wir, wir bräuchten uns nie wieder sehen. Aber da liegen wir falsch und müssen bemerken wie falsch wir sind. Es ist niemals gut, zu unabhängig im Herrn zu sein.

Einer der Gründe, warum Gott seine Diener zu einem Leben im Glauben berufen hat, ist, dass sie die Glieder den sie dienen ehren. Es fühlt sich für einen Prediger nicht gut an ökonomisch von anderen abhängig zu sein, doch Gott bezweckt etwas damit.

Kein Pastor ist unabhängig. Trotz, dass wir alle abhängig sind von Gott, sind wir abhängig voneinander. Wir sind die Familie Gottes. Wir sind alle Glieder am Leib Christi und wir brauchen einander.

Die Fähigkeit ohne Vorwände, ohne Vorbehalte und ohne einen niedrigen Beweggrund, zu lieben, ist göttlich, übernatürlich und Gott möchte, das in unsere Herzen legen, als ein Zeichen für alle, dass wir ihm gehören.

Wir haben alle Tage, in denen wir diesbezüglich besser sind als an anderen. Wir haben alle Zeiten in denen wir erfolgreich sind und andere Tage an denen alles um uns herum uns zu belästigen scheint. Es scheint als seien alle um uns herum plötzlich Stachelschweine und wir bleiben an den scharfen Stacheln hängen. Aber auch dann, wenn du das Verlangen hast zu lieben und wenn es das Ziel deines Herzens

ist zu lieben, wird Gott seine Liebe mehr und mehr
für dich verfügbar machen.

Liebe Gottes, und Liebe für unseren Bruder gehören zusammen. Wenn das Eine gegenwärtig ist, wird
das Andere automatisch fließen. Lasst uns die Gabe
der Liebe Gottes empfangen auf dass wir vorwärts
gehen und sie mit der Welt teilen.

Kapitel XVIII

Lernen Liebe weiterzugeben

„Grüßt einander mit einem Kuss als Ausdruck dafür, dass ihr alle zu Gottes heiligem Volk gehört!"

Grüßt einander mit einem Kuss als Ausdruck dafür, dass ihr alle zu Gottes heiligem Volk gehört. 2. Korinther 13, 12

Die Bibel macht deutlich, dass wir nicht einfach da sind um einander zu lieben, sondern, dass wir da sind um zu lernen, die Liebe freigiebig weiterzugeben. Paulus schrieb:

Lasst im Umgang miteinander Herzlichkeit und geschwisterliche Liebe zum Ausdruck kommen. Übertrefft euch gegenseitig darin, einander Achtung zu erweisen.
Römer 12, 10

Ich weiß wie schwer es für einige ist Zuneigung offen zu zeigen. Als ich aufwuchs, war ich auch nicht sehr kontaktfreudig und ich habe es nicht immer genossen all die Menschen in der Gemeinde zu begrüßen. Das beunruhigte meinen Vater. Er sagte mit einer sehr ernsten Stimme zu mir, „Ruth, du musst den Leuten vor und nach der Kirche einfach nur die Hand geben. Du schüttelst nicht genug Hände. Du sprichst nicht genug mit den Menschen. Sie müssen denken, deine Mutter und ich haben zuhause etwas Schlechtes über sie erzählt und das du deshalb so reagierst."

Der einzige Grund, warum ich nicht jeden gegrüßt habe, war, dass ich zu schüchtern war. Nach dem ich gelernt hatte, wie wichtig es ist, unsere Liebe zu zeigen, bat ich Gott um Hilfe, und er half mir. Wir können uns nicht auf unsere eigenen Fähigkeiten verlassen, unsere Fähigkeiten sind in Gott. Darum geht es im Leben des Geistes. Seine Kraft in mir verändert mich. Ich kann tun, was ich zuvor nicht tun konnte. Ich kann sein, was ich zuvor nicht sein konnte. Wenn ich verändert bin, kann ich auch an die Veränderung eines anderen glauben.

Auf einer meiner ersten Reisen nach Indien hatte ich das Privileg auf einer wunderbaren Konferenz zu sprechen, die in der Stadthalle von Kottayam in Kerala stattfand. Der Platz war brechend voll. Nachdem ich an einem Sonntag gesprochen hatte, wurde

Abendmahl gefeiert, und dann hatten alle Menschen die Gelegenheit einander zu grüßen. Ich kannte die indische Gewohnheit, dass Brüder einander auf beide Wangen küssten, und die Schwestern ebenfalls, aber ich fühlte mich nicht danach andere zu küssen, die wenigsten Menschen hatte ich je zuvor getroffen. *Was sollte ich tun?* Habe ich mich gefragt.

Die Plattform war ziemlich groß und zuerst dachte ich, von mir würde sicher nicht erwartet werden, den ganzen Weg dahin zu gehen, wo die Schwestern sich gegenseitig begrüßten. Vielleicht würde ich entschuldigt sein für diesen Teil des Gottesdienstes. Dann bemerkte ich, dass jeder zu mir schaute, und sich fragte, was ich wohl tun würde und ich spürte, dass mein zukünftiger Dienst in Indien davon abhängig war wie ich in diesem Moment reagieren würde. Als ich mich auf den Weg zu den Frauen machte, bemerkte ich, dass ich das betete, was ich oft in diesen Situationen betete: „Jesus, hilf mir."

Wenn wir auf ihn schauen und um seine Hilfe bitten ist er immer da. Wenn wir Liebe nicht zeigen können, kann er es. Wenn wir nicht genügen, tut er es. Wenn wir nicht in der Lage sind, ist er es. Wenn wir nur bereit sind, will er sein Werk in uns tun.

Genau in dem Moment, in dem ich betete, „Jesus, hilf mir," wurde ein großer Eimer Honig vom Himmel über mir ausgegossen. Als ich die Schwestern erreichte, weinte ich und fühlte mehr Liebe für sie, als ich mir jemals hätte vorstellen können.

Gottes Liebe ist für uns verfügbar. Sie ist übernatürlich und wir können sie haben.

Als wir 1974 nach Frankreich gingen um dort zu Leben, war es unser Ziel jüdische Menschen aus ganz Europa zu erreichen. Die charismatische Bewegung war noch nicht nach Frankreich, einem überwiegend katholischem Land gekommen, aber Gott hatte uns ein Haus außerhalb von Nice, in einem wunderschönem Dorf mit dem Namen Carros gegeben, und dort verbrachten wir vier bis sechs Stunden am Tag im Gebet, bis einige wunderbare Dinge passierten. Das Wort wurde verbreitet über unsere Versammlungen und viele Priester fuhren lange Strecken um bei uns zu sein. Ein Mann kam den ganzen Weg von Barcelona, Spanien herauf, eine Reise, die zwei Tage dauerte. Viele kamen von Paris. Einige andere Franzosen, kamen Freitagnachts, sie fuhren die ganze Nacht um bei uns zu sein. Sie blieben bei uns, beteten und suchten Gott, solange es ihnen möglich war, und verließen uns am Montag um gerade noch pünktlich nach Paris auf Arbeit zu kommen.

Die Franzosen sind sehr herzlich, und sie grüßten einander mit einem Kuss auf jede Wange. Als eines Tages ein Priester ankam, bemerkte ich wie eine unserer Schwestern ihn mit steifen Arm und Handschütteln begrüßte. Ich fühlte, dass ich sie zur Seite nehmen und mit ihr darüber sprechen musste.

„Diese Männer sind hungrig nach Gott", sagte ich ihr. „Lasst uns nichts tun, das sie befremden könnte. Ich verstehe deine Zurückhaltung. Ich habe dasselbe Problem auch, aber wir müssen uns von Gott verändern lassen. Die Franzosen sind warme Begrüßungen gewohnt."

Sie sagte, „Ruth, ich komme aus einer deutschen Familie. Ich bin in einer hart arbeitenden Immigrantenfamilie aufgewachsen und wir haben niemanden geküsst."

„Ich weiß", sagte ich, „aber wir haben für die Erweckung gefastet und gebetet, und wir müssen uns von Gott gebrauchen lassen unsere Herzen für seine Menschen aufzuwärmen.

Diese Schwester fastete und betete in der Woche und ließ sich von Gott verändern, und als am darauffolgenden Wochenende eine Gruppe ankam war sie ein anderer Mensch. Seitdem war sie in der Lage andere sehr herzlich zu begrüßen.

Ich weiß wie schwer das ist. Als ich aufgewachsen bin, war der Gebrauch des Küssens noch nicht so verbreitet in der Kirche, aber eine Frau küsste jeden. Als wir noch Kinder waren und sie kommen sahen, rannten wir auf die andere Seite der Kirche um nicht geküsst zu werden.

Es war nicht leicht für mich jedem Liebe zu zeigen, aber das ist das Verlangen der Gegenwart des Heiligen Geistes in uns. Wir können nicht in unsere

schüchterne Natur, oder in unser mangelhaftes Trai-
ning in Kindertagen zurückfallen.

In diesem Punkt haben wir keine Wahl.

Paulus schrieb an Timotheus:

> ´Sie bringen auch keine Liebe hervor,` und gera-
> de das muss doch das Ziel aller Verkündigung
> sein – Liebe aus einem reinen Herzen, einem
> guten Gewissen und einem Glauben, der frei
> ist von jeder Heuchelei. Dieses Ziel haben jene
> Leute aus den Augen verloren, und daher ist
> alles, was sie von sich geben, leeres Gerede.
> Sie wollen Lehrer des Gesetzes sein, ´das Gott
> durch Mose gegeben hat,` und dabei verstehen
> sie nichts von dem, wovon sie reden und wo-
> rüber sie solche selbstsicheren Behauptungen
> aufstellen.   1. Timotheus 1, 5-7

„Liebe", oder Gottes Liebe ist „das Ziel aller Verkün-
digung". Einander Liebe zu zeigen ist also ein Gebot
und keine Wahl.

Ich werde an diese Passage immer wieder erinnert
wenn wir gemeinsam das Mahl des Herrn feiern.
So, wie wir uns regelmäßig daran erinnern, dass er
seinen Leib am Kreuz opferte und wir uns auch an
den gesamten Leib erinnern, müssen wir uns auch
erinnern um was es im christlichen Leben geht. Ohne
Gottes Liebe in unseren Herzen, ohne seine Liebe für

alle Menschen ist unser Glaube nutzlos. Die Liebe muss gezeigt werden.

Wir fühlen uns manchmal aufrichtig siegreich, wenn wir unsere schlechten Empfindungen gegen andere Menschen überwinden können, aber wir sind nicht einfach nur dazu berufen die Menschen geradeso zu tolerieren. Er will uns eine übernatürliche und überfließende Liebe geben, die sichtbar wird.

Während unserer Camptreffen, leben wir alle eng zusammen, das ist eine wunderschöne Erfahrung. Gott lässt viele Gemeinschaften von Gläubigen rund um die Welt auferstehen und lehrt die Glieder einander zu lieben und in gezeigter Liebe Gottes zu leben. Umstände zwingen uns manchmal dazu so zusammenzuleben, und wenn das passiert, ist Gott erfreut.

Es gibt einen Aspekt in unserer Perfektion den wir nicht realisieren können, wenn wir uns jeder auf unser eigenes Territorium zurückziehen. Darum ist es gut in Situationen zu sein, in denen es keinen Rückzug gibt, und in denen wir gezwungen sind mehr zu bekommen als wir bereits haben. Das lässt uns in der Liebe Gottes wachsen.

Gewöhnlich wollen wir, wenn Gott uns nach etwas Neuem fragt uns langsam hinein bewegen, und eines nach dem anderen tun. Aber Liebe können wir nicht in Bruchstücken demonstrieren. Sage „Jesus, hilf mir" und tauche ein.

Du magst sagen, „Aber wir kennen diese Menschen nicht.". Das mag wahr sein, aber selbst wenn wir diese Menschen kennen, wäre es, wie wir festgestellt haben, nicht immer leicht sie zu lieben. Gottes Auftrag der Liebe und ihrer Demonstration ist für die, die wir kennen und für die, die wir nicht kennen.

Eine der größten Dinge, die aus der charismatischen Bewegung heraus entstanden sind, war die Wiederherstellung untereinander Liebe weiterzugeben. Wenn du noch immer Probleme hast Liebe zu zeigen, dann bitte Gott dir zu helfen.

Manche Menschen würden lieber nicht zu freundlich sein als zu riskieren unheilig zu sein. In Gott können wir Liebe haben, die in Reinheit und Heiligkeit fließt. Wenn Gott uns nicht die Fähigkeit gibt in ihm heilig zu sein und neben einer Person des anderen Geschlechts im Gottesdienst zu sitzen, dann stimmt etwas mit uns nicht. In Gott ist eine wunderbare Heiligkeit und das schließt nicht aus einander Liebe zu zeigen.

Du hast die Wahl. Du kannst da einfach stehen und sagen, „Ok, ich werde leiden und alle meine Wangen küssen lassen" oder du kannst der Person auf halber Strecke entgegenkommen, sie auf die Wange küssen und sie dich wieder küssen lassen. Du musst es einfach nur tun.

Wir sind alle Glieder am selben Leib. Wie können wir einander nicht Liebe zeigen? Jeder ist dem

Herrn genauso wichtig wie der andere. Da gibt es keine Ausnahmen, keine Grenzen und kein „aber" in Gottes Gebot zur Liebe.

Arbeite auf das höchste Ziel hin, *„Liebe aus einem reinen Herzen, einem guten Gewissen und einem Glauben, der frei ist von jeder Heuchelei".*

Teil V

Einheitsstiftende Herrlichkeit: Sie ist unterwegs

Kapitel XIX

Fortschritte in Richtung Herrlichkeit machen

Wir sind mit Christus ein Leib!

Es ist wie bei unserem Körper: Er besteht aus vielen Körperteilen, die einen einzigen Leib bilden und von denen doch jeder seine besondere Aufgabe hat. Genauso sind wir alle – wie viele ´und wie unterschiedlich` wir auch sein mögen – durch unsere Verbindung mit Christus ein Leib, und wie die Glieder unseres Körpers sind wir einer auf den anderen angewiesen.

Römer 12, 4 + 5

Es sind bereits einige Fortschritte in Richtung Einheit gemacht wurden, und wir sind dankbar für sie, aber das ist erst der Anfang. Zum Großteil sind wir immer noch ein sehr zertrümmerter Leib.

Als die charismatische Bewegung begann, war sie ökumenisch, und Gott hat sie deswegen gesegnet.

Diese Bewegung bestand aus geisterfüllten Baptisten, Methodisten, Presbyterianern, Episkopalen,
Lutheranern, Pfingstlern, Katholiken und vielen
anderen. Diese Menschen kamen zu regelmäßigen
Treffen zusammen, und es waren immer Vertreter
verschiedener Denominationen in den einzelnen
Treffen. Als die Bewegung so stark wurde, dass es
genug presbyterianische Charismatische gab um
eine charismatisch presbyterianische Konferenz
zu veranstalten, oder genug Lutheraner für eine
charismatische lutherische Konferenz, ging die
ökumenische Dimension, die größere Herrlichkeit
einbrachte verloren. Es ist Zeit wieder zu der früheren Herrlichkeit zurückzukommen.

Bitte versteht das was ich sage nicht falsch. Diese
Gruppen waren immer noch von Gott gesegnet, und
es ist wundervoll, wenn es genug Presbyterianer gibt
um eine geistgefüllte presbyterianische Versammlung zu haben. Aber ich bemerkte, dass wenn die
Menschen wieder in ihren eigenen Versammlungen
waren nicht länger dieselbe Berührung Gottes auf
ihnen war.

Als katholische Charismatische sich regelmäßig
mit protestantischen Charismatischen trafen wurde
da eine besondere Kraft wirksam, die nicht präsent
ist, wenn sich Protestanten oder Katholiken untereinander treffen. Gott liebt die ökumenischen Aspekte
der Einheit in der Unterschiedlichkeit und segnet sie

währenddessen der Feind sie hasst und alles tut um sie zu zerstören.

Eine der großen Stärken unserer Campmeetings in Ashland, Virgina, die wir nun schon seit fünfundvierzig Jahren jährlich veranstalten, ist es, dass wir Menschen verschiedener Denominationen haben, die zusammen anbeten: Pfingstler, Baptisten, Methodisten, Episkopale, Lutheraner, Katholiken und viele andere.

Wir haben auch Menschen von verschiedenen Nationen. Da sind Nigerianer, Inder, Taiwanesen, Jamaikaner, Mexikaner, etc.. Tatsächlich, haben wir jeden Sommer Menschen von fast vierzig Ländern der Welt dabei. Was für eine große Stärke!

Ich habe einen Freund, der eine Gemeinde in Melbourne, Australien leitet. Studenten von vielen Teilen Asiens und Afrikas gehen nach Melbourne um an der Universität zu studieren und manche von ihnen besuchen die Kirche. Wie ich es liebe dahin zu gehen! Jeden Sonntag sind da Menschen von ungefähr fünfzehn bis zwanzig verschiedenen Nationen.

Unser Freund Pastor Isaiah Jones hat eine große Unterschiedlichkeit in seiner Gemeinde in New York City. Seine Leute sind von den verschiedenen karibischen Inseln. Wenn ich nicht aus irgendeinem anderen Grund in die Kirche gehen würde, würde ich hingehen um die Klänge von Antigua, Barbados, Jamaica, Martinique und der anderen Inseln zu hören. Es ist etwas sehr Schönes wenn Menschen verschiedener Herkunft, mit verschiedenen Sprachen und verschiedenen Kulturen miteinander anbeten. Das will Gott unter uns mit seinem Geist tun.

In der Welt scheint es viel einfach er zu sein, dass Leute in Übereinstimmung kommen. Einige Models beginnen blaue Jeans zu tragen, und plötzlich tragen Menschen auf der ganzen Welt blaue Jeans. Plötzlich müssen Fabriken in vielen Ländern Überstunden machen, um der Nachfrage an denim Stoffen nachzukommen. Gott möchte sein Aussehen in uns stempeln und uns alle so machen wie er ist, aber wir sind alle verzweifelt dabei uns zu vereinheitlichen und uns selbst zu verwirklichen. Wenn Gott mit uns fertig ist, werden wir mehr Ähnlichkeit als Unterschiedlichkeit aufweisen, weil wir aussehen werden wie er.

Es war einfach die erste Generation Gläubige zu erkennen. Leute wussten sofort, dass sie mit Jesus zusammen waren. Sie waren so sehr wie er, dass Leute entschieden sie Christen zu nennen.

Ein Freund von mir aus Jerusalem hatte einen Traum und er kam zu mir und erzählte mir davon. Er war sehr aufgeregt und erzählte mir jedes Detail, das er gesehen hatte. „Ruth", sagte er, „das was mich begeistert hat war: als ich mich selbst im Traum sah, sah ich aus wie Jesus.". Er hat es immer wieder und wieder wiederholt, weil der Traum ihn so beeindruckt hatte.

So werden wir am Ende alle aussehen. Er macht uns wie sich selbst und prägt sein Aussehen tief in unseren Geist.

Mein Vater liebte das elfte Kapitel des Hebräerbriefes und hat oft darüber gepredigt. Fast jede Predigt, die er über einen Zeitraum von mehreren Jahren hielt, enthielt etwas aus diesem Kapitel. Es ist eine sehr kraftvolle Passage.

Nachdem der Schreiber an all die Heldentaten vieler biblischer Glaubenshelden erinnerte, schloss er:

> *(die Welt war es nicht wert, sie ´in ihrer Mitte` zu haben.) Sie mussten in der Wüste und in den Bergen, in Höhlen und in Erdlöchern Zuflucht suchen. Ihnen allen stellte Gott aufgrund ihres Glaubens ein gutes Zeugnis aus, und doch haben sie die endgültige Erfüllung dessen, was er ihnen zugesagt hatte, nicht erlebt. Gott hat für unsere Zeit etwas vorgesehen, was besser ist ´als alles Frühere`, und DESHALB KÖNNEN SIE ERST ZUSAMMEN MIT UNS DIE VOLLKOMMENHEIT ERREICHEN.*
>
> Hebräer 11, 38-40

Trotz all ihrer Größe, trotz der Tatsache, dass Gutes von ihnen berichtet wird, können sie nicht ohne uns in die Fülle der Verheißungen. Und lass mich dir etwas sagen, du und ich werden nicht ohne unsere Brüder erben. Unser Erbe ist für die gesamte Familie Gottes, also sollten wir besser anfangen sie zu mögen.

In Gottes Plan ist eine totale Vollkommenheit, eine Vollendung, aber wir kommen da zusammen hin. Wenn wir in unserer Sonntagsschulklasse keine Einheit haben können, wo nur ein paar wenige von uns sind, wie können wir dann in der gesamten Sonntagsschule Einheit haben, wo viel mehr von uns sind? Wie können wir Einheit in unserer gesamten Gemeinde haben? Wie können wir Einheit mit den Gemeinden in unserer Region haben mit denen wir kooperieren? Wie können wir Einheit in den Gemeinden unserer Denomination haben? Wie können wir uns mit dem Rest der Welt verbinden, wo es mehr als 83 Millionen geisterfüllte Menschen gibt? Gott hat gesagt, dass wir zusammen mit früheren Generationen Vollkommenheit erreichen.

Die Heiligen früherer Generationen können nicht ohne uns vollkommen werden, denn Gott hat bestimmt, dass seine ganze Familie zusammen gesegnet sein soll. Das ist eine große Wahrheit die wir mehr verinnerlichen müssen.

Der größte Beitrag den die charismatische Erneuerung für den gesamten Leib Christi beitrug, ist ein Gefühl für Familie und aufrichtiger Liebe füreinander. In charismatischen Veranstaltungen sangen wir:

Wir sind eins in dem Geist[1];
Wir sind eins in dem Herrn.

Verbinde uns, Herr[2];
Verbinde uns Herr mit Stricken, die nicht zer-
rissen werden können.

Ich bin so froh, ein Teil der Familie Gottes zu
sein[3] —
Ich bin in der Quelle gewaschen, gereinigt
durch sein Blut!
Gemeinsame Erben mit Jesus auf der Reise;
Denn ich bin ein Teil der Familie, der Familie
Gottes.

Es gab noch viele ähnliche Lieder, die uns nicht nur das Gefühl vermittelten eine Familie zu sein, sondern auch, dass wir darauf stolz sein können und es kultivieren können. Wenn wir vergessen, dass wir eine Familie sind, erlauben wir dem Feind uns zu seinen Partisanen zu machen.

In unserer Heimatstadt haben wir verschiedene Supermärkte. Es gibt einen Ukrops und einen Food Lion. Ich sage niemals zu meinem Nachbar, „Weil

---

1 Bekannt unter: We are one in the Spirit.
2 Bekannt unter: Bind us together, Lord.
3 Ursprünglich: I'm so glad I'm a part of the fam'ly of God.

ich zu Ukrops gehe und du zu Food Lion, können
wir nicht länger Freunde bleiben.". Das wäre dumm.
Diese Art von Sektiererei zeigt die Lust des Fleisches
und Unreife.

Wir sind alle eine Familie, da spielt es keine Rolle
wer wo seine Lebensmittel kauft. Einige bevorzugen
Markennamen, und andere Standartprodukte, aber
wir lassen uns davon nicht trennen. Wir sind Familie
und es darf nicht erlaubt werden, dass etwas zwischen uns kommt.

Wenn wir miteinander das Mahl des Herrn (die
Eucharistie) feiern, ist es wichtig zu beachten, dass
sein Leib für uns und den weltumfassenden Leib
Christi gegeben wurde, aber genauso wichtig ist es
auch den weltumfassenden Leib Christi wahrzunehmen. Er ist das Haupt, aber die Glieder seines
Leibes werden überall auf der Welt gefunden, in
jeder Nation und in jedem Volk. Als wir in Jerusalem einmal personelle Probleme hatten, sagte mir
Gott, dass es nicht genug ist, die Menschen die uns
geschadet haben einfach nur zu lieben, ich muss in
der Lage sein vor ihnen zu stehen und all das große,
das ich mir für mein Leben von Ihm wünsche in ihr
Leben prophezeien können.

Ich wollte diese Fähigkeit, und ich danke Gott, er
hat sie mir gegeben.

Trotz den besten Bestrebungen des Feindes bringt
Gott Einheit im Leib Christi hervor. Er sorgt dafür,

dass wir alle gut zusammenpassen, einer zum anderen, alle Glieder am Leib Christi. Unser Gott ist größer als alle Feinde, und trotz dass es das höchste Ziel des Feindes ist zu trennen, ist Gott in der Lage uns zu vereinen.

Sei geduldig mit denen die intolerant sind, weil viele von uns das auch einmal waren. Sei geduldig mit denen, die sagen, sie können nicht mit jemandem anders im Auto fahren. Es mag dir vielleicht auch schon passiert sein. Sei geduldig mit denen, die eine vorgefasste Idee davon haben was in den Kirchen um uns herum passiert. Du warst zweifellos schon an demselben Punkt.

Kapitel XX

Einheit: gewollt oder erzwungen

„Das ist übrigens auch der Grund, weshalb so viele von euch schwach und krank sind!"

Denn wer isst und trinkt, ohne sich vor Augen zu halten, dass es bei diesem Mahl um den Leib des Herrn geht, der zieht sich mit seinem Essen und Trinken das Gericht ´Gottes` zu. Das ist übrigens auch der Grund, weshalb so viele von euch schwach und krank sind. Manche aus eurer Gemeinde sind sogar gestorben.

1. Korinther 11, 29 + 30

Gott hat schreckliche Konsequenzen für die angeordnet, die *sich nicht vor Augen halten, dass es um den Leib des Herrn geht.* Wir haben die Wahl. Wir können der Herrlichkeit Gottes freiwillig erlauben uns zu verändern, oder wir können ihm erlauben uns durch schwierige Umstände zu führen um uns sanft und milde zu machen. Das ist unsere Wahl. Gott wird die Kirche auf dem einen oder dem anderen Weg in Einheit bringen.

Unser Freund Norman Williams war ein Überlebender des Flugs 747 das vor vielen Jahren über den kanarischen Inseln abgestürzt ist, er war dankbar von Gott verschont zu werden. Von den sechshundert Passagieren der zwei Flugzeuge, die auf der Landebahn in einander geprallt sind, haben nur knapp über sechzig überlebt. Seine Befreiung war besonders bemerkenswert, denn er war der einzige Überlebende, der weder emotionale noch physische Schäden durch das Erlebnis zurückbehalten hat. Er hat sich lediglich einen Ellenbogen gebrochen und das heilte sehr schnell.

Er erzählte mir später, „Ruth, sie haben mich in ein katholisches Krankenhaus gebracht und an der Wand in meinem Zimmer hing ein Kruzifix. Ich habe die Katholiken viele Jahre lang gehasst, und ich habe auch Kruzifixe gehasst. Aber während der Tage, die ich in dem katholischen Krankenhaus verbrachte veränderte Gott mein Herz, und jetzt kann ich zum ersten Mal in meinem Leben die Katholiken lieben."

Ich sagte, „Norman, das ist wunderbar. Wenn der Unfall nicht passiert wäre, wärst du wahrscheinlich nicht zu uns gekommen um vor uns zu sprechen (wir haben zu dieser Zeit in einer katholischen Kirche auf dem Berg Zion in Jerusalem angebetet). Selbst wenn du gekommen wärst, hättest du dich wahrscheinlich nicht wohlgefühlt in diesem Gebäude."

Ich bin froh, dass ich nicht einen Flugzeugabsturz erleben musste um meine Einstellung anderen Gläubigen gegenüber zu ändern. Mein Denken wurde durch die Herrlichkeit des Herrn verändert. Ich habe nicht das Bedürfnis mich verbal gegen die zu wenden, die anders sind als ich. Wenn Jesus hier wäre, würde er es nicht tun, und er ruft uns dazu damit aufzuhören. Wenn wir da hartnäckig bleiben wird er andere Maßnahmen treffen um mit uns umzugehen.

Wenn wir uns weigern, die Mauern die uns von anderen trennen selbst niederzureißen, wird Gott es auf die harte Weise tun. Wenn wir nicht bereit sind unsere Unterschiedlichkeiten beiseite zu legen und einander ermutigen, wird Gott es erlauben, dass schwierige Zeiten auf uns kommen, damit wir bemerken, was wir unseren eigenen Brüdern getan haben. Wenn wir uns dem Feuer der Herrlichkeit Gottes diesbezüglich verweigern, dann wird das Feuer der Verfolgung und der Mühsal über uns kommen. Es ist unsere Wahl.

Ich liebe es Gottesdienste in China zu besuchen. Es gibt viele Dinge, die ich an dem Land mag: die chinesische Mauer zu sehen, einkaufen zu gehen und Museen zu besuchen. Aber es gibt irgendwie etwas Besonderes daran in China in eine Kirche zu gehen.

Desto mehr Sonntage ich in China sein kann, desto glücklicher bin ich.

Der Grund warum ich Gottesdienste in China so sehr genieße, ist, dass man in keiner anderen Kirche auf der Welt besser sehen kann, was der Herr für sein Volk tun will. Die chinesischen Gläubigen sind vollkommen in Einheit, und Leute verschiedenster Denominationen besuchen ein und denselben Gottesdienst und beten zusammen an. Das kam durch viele Jahre der Verfolgung die die chinesischen Gläubigen durch litten haben, die große Kulturrevolution und durch die verschiedenen kommunistischen Regime die darauf folgten. Gott hat Wege uns zu vereinen, wenn wir uns seinem Geist verweigern.

Ein nigerianischer Bruder, der unser Campmeeting besuchte sagte, dass die Verfolgung etwas Wunderbares für die nigerianische Kirche getan hat. Durch das Leiden, haben Gläubige angefangen Unterschiedlichkeiten in Lehrfragen und andere lästige Dinge die normalerweise zur Trennung führen würden beiseite zu legen und zusammen zu kommen.

Für mich ist es traurig darüber nachzudenken, dass wir nur zusammenkommen können, wenn wir Verfolgung, Elend und Verlust gegenüberstehen. Einheit ist Einheit, aber ich würde eine Einheit bevorzugen, die kommt, weil wir sie willkommen heißen, nicht eine, die durch die Umstände kommt.

Weil die Kirche diesbezüglich ihre erste Liebe

verlassen hat und auf das Ansehen von Personen schaut, muss Gott manchmal Schwierigkeiten erlauben in unseren Weg zu kommen. Er will uns durch seinen Geist verändern, aber wenn wir uns weigern und hartnäckig bleiben tut er es auf einem anderen Weg.

Es ist nicht notwendig Schwierigkeiten zu erleben. Es ist nicht zwingend dass wir durch die Lebensumstände gelehrt werden. Wenn wir einfach unsere Herzen dem Geist Gottes öffnen und ihm erlauben in uns zu wirken, uns alle Vorurteile zu nehmen, können wir viele schwierige Dinge vermeiden die oft passieren um Menschen zusammenzubringen.

Unser Herr ist sich mehr seines baldigen Kommens bewusst, als wir das jemals sein könnten, und er tut diesbezüglich etwas Erstaunliches in unserer Mitte. Wenn wir unseren Hass und unser Unvertrauen nicht freiwillig ablegen, werden Tests, Versuchungen und Trübsal kommen und das Ergebnis wird dasselbe sein. Das ist nur das Zweitbeste was Gott für uns hat. Er möchte, dass wir dem Heiligen Geist erlauben in uns zu arbeiten und ein herrliches Wunder, ein Zeugnis für die Liebe des lebendigen Gottes werden.

Entweder wird uns die Freiheit der Herrlichkeit verändern, oder die hitzigen Versuchungen der Verfolgung werden das Ihrige tun. Einheit: gewollt oder erzwungen. Das liegt an uns.

Kapitel XXI

Die Gewissheit der Einheit

„Ich werde meine Gemeinde bauen!"

Deshalb sage ich dir jetzt: Du bist Petrus, und auf diesen Felsen werde ich meine Gemeinde bauen, und das Totenreich mit seiner ganzen Macht wird nicht stärker sein als sie. Ich werde dir die Schlüssel des Himmelreichs geben; was du auf der Erde bindest, das wird im Himmel gebunden sein, und was du auf der Erde löst, das wird im Himmel gelöst sein.«

Matthäus 16, 18 + 19

Gott hat versprochen unsere Gebete zu beantworten, also sollten wir schlussfolgern, dass die Gebete Jesu auch beantwortet werden? Ganz bestimmt. Wie kann Gott unsere Gebete beantworten, aber die seines eingeborenen Sohnes nicht?

Jesu Gebet wird beantwortet werden, ganz egal wie unwahrscheinlich es uns zu diesem Zeitpunkt erscheint. Von jetzt an bis zum Ende der Zeiten werden wir einen großen Zustrom von Seelen in das Königreich Gottes erleben und wir werden zusammenkommen als ein Leib und Jesus preisen, anbeten und verherrlichen und das zeigt der Welt seine Liebe. Obwohl wir sagen könnten, Jesu Gebet wurde in den letzten zwei Jahrtausenden in einem gewissen Maße erfüllt, ist es jetzt an der Zeit, dass es in der Fülle beantwortet wird.

Wir leben jetzt in der Zeit der Offenbarung der Herrlichkeit Gottes, die Zeit von der Jesaja prophezeite: *„denn wie das Wasser das Meer füllt, so wird die Erde mit der Erkenntnis des Herrn erfüllt sein"*[1]. Gott tut es genau vor unseren Augen. Er bringt eine herrliche Offenbarung seiner selbst hervor und weil er Liebe ist, stellt er die Liebe und Harmonie in seiner Familie wieder her.

„Das sie alle eins seien." Ist das möglich? Werden wir das in dieser Welt jemals sehen? Absolut. Es mag einige Erschütterung geben um es eintreffen zu lassen, aber Gott wird es tun. Er muss es wohl „trotz" einiger von uns tun, aber er wird es trotzdem tun. Einige von uns mögen sich weigern daran teilzunehmen, aber Gott wird es trotzdem tun, und die die sich zurückhalten werden die Verlierer sein.

---

1 Vgl Jesaja 11, 9

Hör auf der Einheit zu widerstehen. Das Gebet Jesu wird beantwortet werden, ob du willst oder nicht. Sein Leib wird vereint werden, und nichts wird das zurückhalten.

Lehnen wir uns also einfach zurück und lassen es geschehen? Das Gegenteil. Wenn wir beten, müssen wir uns sicher sein, dass wir daran arbeiten die Fülle dessen hervorzubringen wofür wir beten. Wenn wir entgegen unserer Gebete arbeiten könnten wir von Gott nicht erwarten unseren Widerstand zu übergehen. Wenn wir das Gebet Jesu beten „eins" zu sein, müssen wir jeden möglichen Beitrag dazu leisten, die Hindernisse wegzuräumen und erlauben dass es in Realität kommt.

Wenn wir für eine offene Tür beten, müssen wir uns auf die offene Tür zubewegen, und wenn wir für Einheit unter unserer Brüder beten, müssen wir lernen Frieden zu halten und alles Mögliche tun, was notwendig ist um Einheit zu unterstützen. Wir würden viel lieber anderen Leuten ein paar unserer Gedanken weitergeben, aber wenn wir weiter darauf bestehen, werden wir nicht nur persönlich verlieren, sondern wir setzen sogar den gesamten Prozess der Einheit in der Familie Gottes zurück.

Wenn du die Probleme der anderen sehen willst, wirst du sie finden. Sie sind da. Sie sind meistens nicht sehr versteckt. Aber wenn du vor hast eine Lösung zu finden, wird sie da sein.

Wenn es dein Verlangen ist ganz vorn mitzuerleben, was Gott in diesen letzten Tagen tun will, musst du ihm erlauben deinen Geist für die Familie Gottes zu erweitern. Lerne es die Gleichheiten und nicht die Ungleichheiten untereinander zu betonen, um auf die guten anstatt auf die schlechten Dinge zu schauen.

Mein Vater war kein hoch gebildeter Mann aber er hatte ein großes Reservoir Gott gegebener Weisheit. Er hatte immer eine wunderbare Predigt um uns zu helfen das Herz Gottes zu verstehen. Seine Weisheit hat dazu beigetragen das Leben meines Bruders und mein eigenes zu formen. Eines Tages sagte Daddy zu uns:

Es ist wie ein Mann der einen Cadillac hat, aber dieser Cadillac hat einen platten Reifen. Ein Mann geht vorbei und sagt, „Oh schau den schönen Cadillac an!", aber ein andere geht vorbei und sagt, „Schau auf den platten Reifen!".

Es werden immer ein paar Platten um uns herum sein, aber wir können dahinter sehen und den Cadillac erblicken wenn unser Auge tief blickt.

Einige haben versucht mit anderen in Harmonie zu leben aber sie haben versagt. Wenn du einer von ihnen bist, fühl dich nicht schlecht. Wir alle haben ein paar Mal versagt. Versuch es weiter. Der Sieg wird kommen.

Jedes Mal wenn ich eine Predigt über diese Zeilen brachte wurde ich darin getestet, und ich hatte nicht immer sofort Sieg, aber ich habe immer wieder daran gearbeitet. Wenn wir den Test der Einheit nicht bestehen können wir es immer und immer wieder versuchen bis wir es schaffen. Es ist ein kontinuierliches Bemühen wert; also wenn du stolperst, steh auf, bürste dich ab, bitte Gott um Vergebung und beginne wieder von neuem.

Lasst uns als Dienende die Eifersucht, die unserer Profession schadet ablegen. Im Herrn ist kein Raum für Eifersucht. Da ist auch kein Raum für Habsucht, Neid, Zwietracht oder Bitterkeit. Beginne die Dinge zu tun, die Einheit unterstützen.

Paulus erklärte Einheit als Teil des vollendeten Werkes Christi:

> *Hier gibt es keinen Unterschied mehr zwischen Juden und Griechen, zwischen Sklaven und freien Menschen, zwischen Mann und Frau. Denn durch eure Verbindung mit Jesus Christus seid ihr alle zusammen ein neuer Mensch geworden.*
>
> Galater 3, 28

So wie unsere Errettung und unsere Heilung bereits bezahlt sind, wurde unsere Einheit bereits durch das Opfer Christi bereitgestellt. Wir sind *„alle eins in Jesus Christus"*. Lasst uns damit zufrieden sein, so wie wir mit jeder anderen Verheißung des Wortes Gottes zufrieden sind.

Warum widerstehen wir Gott in diesem Punkt? Warum bauen wir Mauern, wenn Gott versucht sie einzureißen? Warum finden wir immer noch Unterschiede untereinander wenn Gott versucht alle Unterschiedlichkeiten hinweg zu nehmen? Warum machen wir Unterscheidungen wenn Gott versucht alle Unterscheidungen auszulöschen? Er hat „*die Mauer niedergerissen … und ihre Feindschaft beendet*":

> *Ja, Christus selbst ist unser Frieden. Er hat die Zweiteilung überwunden und hat aus Juden und Nichtjuden eine Einheit gemacht. Er hat die Mauer niedergerissen, die zwischen ihnen stand, und hat ihre Feindschaft beendet.*
>
> Epheser 2, 14

Wenn Gott bereits durch Christus jede Mauer der Feindschaft niedergerissen hat, warum versuchen wir sie aufrecht zu erhalten? Lass sie kaputt gehen. Lass jede Mauer der Trennung einstürzen, die Mauern der Denominationen, die Mauer des Nationalismus, die Mauer des Rassismus, die Mauer des Sexismus. Unterstützt nicht eine einzelne Mauer, die Menschen fernhält.

Die Mauer die die zwei deutschen Länder trennte ist gefallen, und nun gibt es wieder ein Deutschland.

Ostdeutsche und Westdeutsche sind nun alle einfach Deutsche. Die zwei gegenüberstehenden Länder sind eins geworden. Jeder Christ sollte aus dieser Tatsache eine Lehre ziehen. Mauern die Menschen trennen sind keine guten Dinge. Sowie Präsident Ronald Reagan in seiner bekannten Rede in Berlin sagte, „Reißt diese Mauer nieder."[2].

Wenn nicht jemand die Berliner Mauer am 9. November 1989 eingerissen hätte, würden manche Deutsche immer noch Westdeutsche oder Ostdeutsche sein und immer noch Bitterkeit gegeneinander beherbergen. Weil jemand die Courage hatte die Mauer einzureißen sind die Deutschen nicht länger mit der Trennung belastet und waren in der Lage sich die Hände zu reichen und für ein gemeinsam gutes voranzugehen.

Politische Mauern fielen überall in Osteuropa, in Afrika, Asien und Lateinamerika. Es ist Zeit, dass die Mauern, die Christen trennen ebenfalls einzustürzen. Lasst sie einstürzen.

Die Mauern die uns hindern mögen nicht so einfach zu definieren sein wie die Berliner Mauer. Vielleicht sind unsere Mauern nicht zu sehen und nicht zu beschreiben. Es sind Mauern die wir in unserem Denken und in unserem Geist aufgebaut haben. Trotzdem sind sie Mauern und es ist Zeit sie einstürzen zu lassen.

---

2 Originaltext: „Tear down this wall."

Nach dem Fall der Berliner Mauer besuchte uns zum ersten Mal eine große Gruppe Ostdeutscher in Jerusalem. Wir hatten eine wunderbare gemeinsame Zeit die wir in der Heiligen Stadt genossen. Wenn die Mauern in unserem Geiste fallen, werden wir überrascht sein, wie viele Menschen Gott in sein Königreich bringen will. Die existierenden Mauern hindern viele. Lasst diese penetranten Mauern einstürzen.

Deine und meine Mauern müssen einstürzen bevor Gott größere Dinge, die er ersehnt, in uns tun kann. Obwohl es im Natürlichen schwierig scheint, können wir Gott glauben dass es passiert – und zwar schnell.

Manchmal sind wir bereit unsere Mauern einzureißen bestehen aber auf Zäune. Einige Zäune sind sehr schön. Ich war mit Pastor Gideon Chu, einem Pastor einer überwiegend chinesischen Gemeinschaft in Vancouver, British Kolumbien. Pastor Chu und seine Leute haben über Jahre in einem gemieteten Gymnasium angebetet. Wenn ein Pastor kein eigenes Gemeindegebäude hat, denkt, betet und träumt er vierundzwanzig Stunden täglich davon. In dieser Nacht sah ich Pastor Chu in einem Vorhof eines bildschönen, weihnachtskartenähnlichen Gemeindegebäudes in Neuengland mit Kirchturm, und farbigen Fenstern und all dem. Mein erster Gedanke war, dass das das Gemeindegebäude war, das Gott

Pastor Cho und seiner Gemeinde geben wird, und ich wusste er würde es lieben.

Als ich die Vision weiter sah, nahm Jesus, der mit Pastor Cho im Vorhof stand seine Hand und führte ihn in Richtung des Gartenzaunes, der die Kirche umgab. Sie kamen an ein Tor, und Jesus beugte sich darüber um es zu öffnen und führte Pastor Cho aus dem umzäunten Gelände heraus. Da gab es grüne Weiden und Felder voller reifem Korn, ohne dass ein Zaun sie voneinander trennte, noch irgendeine andere Trennung zu sehen war. Ich wusste, dass Gott Pastor Cho in Erweckung führen würde und seinen Einfluss weit über die Grenzen seiner eigenen Gemeinde ausdehnen will. Einige Monate später hörte ich, dass zu ihm persönlich und zu seiner Gemeinde große Erweckung gekommen war. Heute erfüllt er die Vision und die Welt wurde zu seinem Feld.

Ich selbst wurde sehr gesegnet indem ich viele Jahre Übersee gelebt habe, in vielen verschiedenen Ländern und mit vielen verschiedenen Leuten. Ich begann in China 1958. Ich liebte jeden Platz an den Gott mich sandte und es gibt kein Volk in der Welt, das Gott nicht in mein Herz gelegt hat. Ich könnte glücklich in jeder Nation dieser Erde leben bis Jesus wiederkommt.

Ich liebe die Inder, die Afrikaner, die Menschen des Orients, die Südamerikaner, die Skandinavier, die Leute aus dem Nahen Osten und die Menschen aus der Karibik. Gott hat dieses übernatürliche Werk in meinem Herzen durch seinen Geist getan. Durch die Kraft des Heiligen Geistes, treffen sich Ost und West am Kreuz Jesu. Wir treffen uns nicht nur, wir umarmen uns und werden eins in Jesus Christus.

Gott bewirkt, dass die Schwarzen und Weißen in Südafrika einander lieben. Er bewirkt, dass Pakistaner Inder und Inder Pakistaner lieben. Das mag nicht die natürliche Ordnung der Dinge sein, aber es ist die Ordnung des Geistes.

Die Liebe Gottes geht nicht nur über Denominationen hinaus; sie geht über Nationalität und Rasse hinaus. In Christus gibt es keine Unterschiede zwischen einem Chinesen, einem Afrikaner, einem Australier, einem Engländer und einem Amerikaner. Gottes Liebe geht über diese leidlichen Unterschiede hinaus. Wir sind alle eins durch Jesus Christus.

Jesus sagte:

> *Ich gebe euch ein neues Gebot: Liebt einander!*
> *Ihr sollt einander lieben, wie ich euch geliebt*
> *habe.*   Johannes 13, 34 und 15, 12

Jesus liebte uns und gab sein Leben für uns, er hat keine Unterschiede gemacht. Er hat uns alle geliebt und wir sind dazu berufen dasselbe zu tun.

Ich habe mich nie geschämt als Pfingstler erkannt zu werden. Ich bin ein Pfingstler in Erfahrungen und in der Lehre, aber ich bin kein Pfingstler in der Begrenztheit denominationaler Grenzen. Meine Erfahrung als Kind Gottes reicht über die Grenzen hinaus und ich bin in der Lage mit Menschen Gottes zu empfinden – wo auch immer sie gefunden werden.

Ich liebe es Teil der großen charismatischen Versammlung auf der ganzen Welt zu sein. Für mich gibt es nicht wunderbareres, als mit tausenden anderen Gläubigen meine Stimme zu erheben und mit ihnen Gott zu preisen. Ich liebe es mit charismatischen Katholiken, mit charismatischen Episkopalen und mit was auch immer für Charismatischen zu anbeten. Wenn ich das tue, erfülle ich Christi Anordnung: „Liebt einander, wie ich euch geliebt habe."[3].

Wir haben alle herausgefunden wie schwierig es ist, einige Menschen zu lieben, aber das ist das wunderbare an einem christlichen Leben. Es geht darum das Unmögliche zu tun, und Gott kann jeden von uns diesbezüglich bereichern.

Ich bin dazu bestimmt vor dem Herrn zu stehen mit den Nationen zum Erbe, und ich möchte dich ermutigen dein Herz von Gottes Liebe auch erweitern zu lassen, so dass du ebenfalls eine mächtige Ernte von Liebe in diesen letzten Tagen erlebst.

Besorg dir eine gute Karte von Amerika und eine gute Weltkarte und lass sie in deiner Bibel. Lass Gott

3 Vgl. Johannes 15, 12.

andere Orte und andere Menschen in deinen Geist legen, sodass du ein großes geistliches Erbe über die gesamte Nation und über die ganze Erde verteilt haben mögest.

Mach dir keine Sorgen wie du einen Namen aussprichst. Ich bin viele Jahre lang gereist, und ich weiß immer noch nicht wie ich die Namen von jedem einzelnen Platz richtig ausspreche. Wenn Gott dir einen Ort in dein Herz legt, dann wird er dir helfen ihn richtig aussprechen zu lernen.

So wie unser Dienst gewachsen ist, wurde es schwierig jeden der die Camps besuchte oder der uns in Jerusalem besuchte zu kennen. Ich habe es genossen, wenn wir uns persönlich kannten. Wenn wir solche persönlichen Freundschaften haben, sind wir in der Lage den anderen mit Gott zu bereichern. Wenn wir einander von den guten Dingen erzählen die Gott für uns getan hat, dann versetzt das unseren Geist in Begeisterung.

Wenn einer von uns schwach ist, kann ein Starker ihm helfen. Der, der heute stark ist mag morgen selbst aus einem anderen Grund der Hilfe bedürfen. Die Schrift sagt uns:

Wir als die 'im Glauben` Starken sind verpflichtet, die Bedenken der Schwächeren ernst zu nehmen, statt in selbstgefälliger Weise nur an uns zu denken. Jeder von uns soll auf den

anderen Rücksicht nehmen und danach fragen,
was gut für ihn ist und was ihm im Glauben
weiterhilft. Auch Christus hat nicht danach
gefragt, was ihm selbst gefallen würde. Es heißt
´von ihm` in der Schrift: »Gegen mich, o Gott,
richten sich die Beschimpfungen deiner Feinde.

Römer 15, 1 – 3

Einer mag Überfluss haben, während ein Anderer
Not leidet; aber eines Tages wird der, der Überfluss
hatte selbst Not haben:

Zum jetzigen Zeitpunkt hilft euer Überfluss
ihrem Mangel ab, damit dann ein anderes Mal
ihr Überfluss eurem Mangel abhilft, und auf
diese Weise kommt es zu einem Ausgleich.

2. Korinther 8, 14

Die ganze Schar derer, die ´an Jesus` glaubten,
hielt fest zusammen; alle waren ein Herz und
eine Seele. Nicht ein Einziger betrachtete ir-
gendetwas von dem, was ihm gehörte, als sein
persönliches Eigentum; vielmehr teilten sie
alles miteinander, was sie besaßen. Vollmächtig
und kraftvoll bezeugten die Apostel, dass Jesus
der auferstandene Herr ist. Und die ganze Ge-
meinde erlebte Gottes Gnade in reichem Maß.
Es gab unter ihnen auch niemand, der Not

leiden musste. Denn `wenn die Bedürfnisse
es erforderten,` verkauften diejenigen, die ein
Grundstück oder ein Haus besaßen, ihren Be-
sitz und stellten den Erlös `der Gemeinde` zur
Verfügung, indem sie das Geld vor den Aposteln
niederlegten. Davon wurde dann jedem das zu-
geteilt, was er nötig hatte.

Apostelgeschichte 4, 32 – 35

Familie Gottes. Leib Christi. Bekomme es in deinen
Geist. „Wir sind doch Glieder ein und desselben Leibes!" (Römer 12, 5 und Epheser 4, 25). Du hast eine
Familie die sich um dich sorgt, die für dich betet und
die für dich glaubt. Du brauchst dich nie allein fühlen.

Manchmal scheinen wir so verstreut zu sein. Aber
es spielt keine Rolle wo wir sind, denn das verändert
nicht die Tatsache, dass wir alle zu einer großen,
wunderbaren Familie gehören.

„Lasst nichts eure Liebe zueinander beeinträchtigen;
durch Christus seid ihr ja Geschwister.", egal was
erschüttert wird. Es spielt keine Rolle woher die
Erschütterungen kommen, *„lasst nichts eure Liebe*
zueinander beeinträchtigen". Wenn alles um dich
herum erschüttert wird und auseinanderbricht,
lass immer noch *„nichts eure Liebe zueinander beein-*
trächtigen". Lasst diese Kontinuität wegen unserer
Liebe zu Gott und füreinander weitergehen, bis er
wiederkommt.

Denn die Gaben, die Gott uns in seiner Gnade geschenkt hat, sind verschieden. Wenn jemand die Gabe des prophetischen Redens hat, ist es seine Aufgabe, sie in Übereinstimmung mit dem Glauben zu gebrauchen. Römer 12, 6

Nur weil etwas schwierig ist, oder wir weit davon entfernt sind ist das kein Grund aufzugeben. Wir werden dahin kommen. Lasst uns die ersten Schritte gehen und wir werden überrascht sein, wie Gott uns hilft.

Wir müssen lernen was der Apostel Paulus sagte:

Geschwister, ich bilde mir nicht ein, das Ziel schon erreicht zu haben. Eins aber tue ich: Ich lasse das, was hinter mir liegt, bewusst zurück, konzentriere mich völlig auf das, was vor mir liegt, und laufe mit ganzer Kraft dem Ziel entgegen, um den Siegespreis zu bekommen – den Preis, der in der Teilhabe an der himmlischen Welt besteht, zu der uns Gott durch Jesus Christus berufen hat. Philipper 3, 13 + 14

Wenn wir niemals anfangen auf dieses hohe Ziel hinzuarbeiten, können wir nicht erwarten bei unserer Bestimmung anzukommen. Lass Gott heute sein Werk in dir beginnen.

Erinnere dich, Herrlichkeit bringt Einheit und Einheit bringt Herrlichkeit. Einer der einfachsten Wege die Herrlichkeit zu erleben ist es im Geist zu singen. Je mehr du im Geist singst und den Herrn anbetest, desto größere Herrlichkeit wird sich manifestieren. Und in der Herrlichkeit wird dein Herz in Einheit mit Gott und deinen Brüdern gebracht. Das bewirkt, dass du einheitsstiftende Herrlichkeit erlebst.

Kapitel XXII

Erreiche die „frommen Menschen"

überall

„Fromme Juden[1], aus aller Welt!"

*'Wegen des Pfingstfestes` hielten sich damals
fromme Juden aus aller Welt in Jerusalem auf.*
Apostelgeschichte 2, 5

Diese Botschaft der Einheit ist jetzt wichtiger als
zu jeder anderen Zeit in der Geschichte. Genauso
wie eine Welle der Herrlichkeit Männer und Frauen
„aus aller Welt" zu Beginn des Kirchenzeitalters in
das Königreich schwemmte, werden wir eine Welle
sehen, die Menschen verschiedener Hintergründe
und Erfahrungen am Ende dieses Kirchenzeitalters

---

1 Aus der englischen Übersetzung übersetzt: „Da waren... fromme Menschen, von jeder Nation unter den
Himmeln!"

in das Königreich schwemmt. Wir müssen dafür
bereit sein.

Bis zum Pfingsttag, waren die Jünger in ihrem
exklusiven Jesus Club. Was an diesem Tag passierte nahm alle Exklusivität hinweg und machte die
Kirche dazu, dass sie alle mit einschloss. Sie hießen
einen Zöllner und einen Arzt in ihrer Gruppe willkommen aber nun waren da plötzlich Parther und
Meder und Einwohner von Kappadozien und vielen
anderen Orten. Da waren Juden und Konvertiten.
Sehr plötzlich wurde aus der kleinen Gruppe der
Jünger Jesu eine große Menge Gläubiger mit Menschen „aus aller Welt".

Bis zu diesem Tag erlebten die Jünger großartige
Momente in denen sie Hunderten und manchmal
Tausenden dienten, aber insgesamt verbrachten
sie ihre Zeit in ihrer kleinen Gruppe. Jetzt hatte
sich alles verändert! Nun waren da Menschen
verschiedener Sprachen und verschiedener kul-
tureller Traditionen. Was muss das für eine große
kulturelle Umstellung für diese Gruppe gewesen
sein!

Nicht viele Tage waren vergangen da beschwerten
sich zum Beispiel die Griechen, weil für ihre Witwen
nicht gut gesorgt wurde und die Jünger mussten
Diakone berufen, die sich darum kümmerten. Und
das war erst der Anfang. Ganz abgesehen davon,
können wir uns gar nicht vorstellen welchen kul-

turellen Veränderungen die Jünger in diesen Tagen
gegenüberstanden.

Es ist an der Zeit unseren Horizont zu erweitern.
Viele Christen sehen die Menschen in den Kategori-
en „errettet" und „nicht errettet" und sie haben noch
nie „fromme" Männern getroffen, aber es gibt sie.
Gott sieht viel mehr Potential im Königreich als wir.

Das Wort *gentile* bedeutet nicht-jüdisch, heidnisch
oder Nicht-Jude, Heide. Als die Heiden in Caesarea
ins Königreich kamen waren die jüdischen Gläubigen erstaunt. Sie konnten sich nicht vorstellen, dass
die Heiden gerettet werden konnten. Gott hat sie
nicht als Heiden gesehen. Er sah sie als „fromme"
Männer, Männer die hungrig sind nach Gerechtigkeit. So ein Mann war Kornelius:

> *Kornelius war ein frommer Mann, der mit
> allen, die in seinem Haus lebten, an den Gott
> Israels glaubte; er gab großzügige Spenden für
> die Bedürftigen in der 'jüdischen' Bevölkerung
> und betete treu und regelmäßig.*
>
> Apostelgeschichte 10, 2

> *Wir kommen von' Hauptmann Kornelius«,
> antworteten sie, »einem frommen und gerechten
> Mann, der an den Gott Israels glaubt und bei der
> ganzen jüdischen Bevölkerung in hohem Anse-
> hen steht. Er hat von einem heiligen Engel den*

Auftrag erhalten, dich in sein Haus einzuladen,
um zu erfahren, was du ihm zu sagen hast.
                                    Apostelgeschichte 10, 22

Viele, die sich noch nicht so weit in der Offenbarung bezüglich Errettung des Herrn bewegten
wie du und ich haben ein Herz Gottes. Wir stellen
uns vor, dass nur bestimmte Denominationen oder
Gruppen von Denominationen gerettet werden
können, aber Gott kennt solche Begrenzungen nicht.
Wir schließen automatisch Menschen verschiedener religiöser Hintergründe aus, aber Gott tut das
nicht. Wenn wir nicht schnell die Aversionen gegen
bestimmte Labels fallen lassen, könnten wir viel
von dem verpassen, was Gott durch uns für sein
Königreich reifen lassen will.

Viele Christen würden zum Beispiel nicht *„Juden"*
und *„fromme Männer"* in einem Satz verwenden, aber
Gott tut das. Manche mögen fragen „Waren nicht die
Juden die, die Christus abgelehnt haben?". Viele von
ihnen lehnten ihn ab, aber Gott richtet Individuen keine Gruppen. Viele Juden heute haben Jesus noch nicht
persönlich kennengelernt und viele haben noch nicht
einmal von ihm gehört. Sie sind hungrig nach Gott
und suchen ihn mit ihren ganzen Herzen. Sie haben
Christus nicht abgelehnt. Sie sind *„fromme Männer"*.

In Jerusalem leben noch immer *„fromme Männer"*
zu denen Gott uns senden will, aber wenn wir zu

ihnen sprechen, dann lasst uns nicht wie zu Heiden sprechen. Sprich zu ihnen als Menschen die Gott suchen, als Menschen, die die Psalmen und die Propheten besser kennen als wir. Sie bemerken, dass sie noch nicht in die Fülle der Offenbarungen gekommen sind, und wir müssen uns von Gott gebrauchen lassen sie in die Fülle zu bringen. Wir dürfen diese hungrigen Seelen *nicht* verletzen und sie so in die entgegengesetzte Richtung schicken.

Es gibt viele andere *„fromme Männer"* an die wir noch gar nicht gedacht haben. Als ich einmal in Utah sprach, kam der Bischof der Mormonen aus Respekt gegenüber seinen Verwandten mit zu den Versammlungen. Ich konnte sehen, dass er sehr bewegt war von der Anbetung.

Es war an meinem Geburtstag und sie hatten ein wunderbares Essen für uns vorbereitet, und dieser Mann war auch eingeladen. Ich habe mich direkt neben ihn gesetzt und wir haben miteinander über Israel gesprochen, weil die Mormonen eine große Liebe für Israel haben.

Bevor wir voneinander gingen, fragte ich ihn, ob er nicht zum Abendgottesdienst kommen könnte, und er sagte, dass er wahrscheinlich nicht kann. Als ich abends über die Versammlung schaute war er da. Während der Anbetung ging seine Hand nach oben. Er pries Gott auch. Wir müssen Gott nicht darin begrenzen wen er retten kann und wen nicht. Wenn das

Herz eines Menschen sich danach sehnt anzubeten, wer sind wir dann ihn davon abzuhalten?

Wenn wir gerade erst gerettet sind, sind wir noch nicht perfekt[2]. Wir haben immer noch viel zu lernen. Wenn wir das erste Mal vom Geist erfüllt sind, sind wir noch weit davon entfernt perfekt zu sein. Wir würden es jemandem Übelnehmen, wenn er anzweifeln würde, dass wir wirklich gerettet oder vom Geist erfüllt sind. Gott hat es für uns getan, trotz unserer Unvollkommenheit – so dass er uns hinführen kann zur Vollkommenheit.

Gott ruft uns unsere richtenden Geister abzulegen. Wenn wir eine neue Offenbarung, neue Musik, neue Einsichten, und eine neue Salbung bekommen können, können wir auch eine neue Einstellung gegenüber unserem Nächsten bekommen. Der neue Wind der weht, der neue Fluss der fließt, und das Neue was Gott unter uns tut, bringt uns an den Punkt unsere richtenden Geister abzulegen, und damit legen wir den kritischen Teil, der uns dessen beraubt anderen ein Segen zu sein, ab. Er beraubt uns auch vieler Segnungen für uns selbst.

Sobald wir hören, dass eine Person einen gewissen Ruf oder ein gewisses Label hat, verschließen wir unser Herz für sie, und sind folglich nicht in der Lage sie

---

2 Ruth Ward Heflin verwendet an dieser Stelle ein Sprichwort: „To have all ducks in a row., was so viel bedeutet, wie gut sortiert und vorbereitet zu sein.

zu segnen. Wir könnten die hungrigste Person treffen die wir je gesehen haben aber wenn wir nicht glauben, dass sie unter den *„frommen Menschen"* ist, sind wir nicht in der Lage sie zu segnen. Das muss sich ändern wenn die Ernte der Endzeiten reift.

Einige Gläubige hier in Amerika können zum Beispiel nicht amerikanischen Ureinwohnern dienen. Ihre vorgefassten Ideen von Ureinwohnern und wie sie sind, sind zu stark. Es ist Zeit uns über unsere vorgefassten Meinungen hinaus zu bewegen, weil Gott seinen Geist auf die Indianer ausgießen wird.

Wir sehen auch gerade eine große Ausgießung auf das jüdische Volk. Auf einer meiner Reisen nach Jerusalem kam eines Abends ein jüdisches Paar zu mir um mich zu sehen. Ich hatte sie viele Jahre nicht gesehen und hatte mich nach ihrem Ergehen erkundigt. Sie erzählten mir, dass es ihnen gut ginge, aber sie nicht in der Lage waren Kinder zu bekommen. Da wir viele Wunder mit unfruchtbaren Paaren erlebten, hatte ich ihnen vorgeschlagen zu mir zu kommen.

Ich habe ihnen von anderen Leuten erzählt die nicht in der Lage waren Kinder zu bekommen und welche Wunder Gott da getan hatte und dann begann ich zu beten. Später prophezeite ich und fing an in Sprachen zu singen und ich lud sie ein das mit mir zu tun. Sie beide sangen in anderen Sprachen und machten den Namen des Herrn groß. Bevor sie an diesem Abend gingen waren sie überfließend im Geist.

Hör auf dich zu beeilen, wenn du an bestimmten Gruppen vorbeiläufst. Das haben die Pharisäer getan. So wie Gott uns gerufen hat uns der Stadt Jerusalem anzunehmen und sie in unsere Herzen zu nehmen, so hat er uns auch gerufen sein Volk und viele andere anzunehmen, von denen wir uns das nie vorstellen konnten. Strecke dich aus und fang an dich nach Menschen auszustrecken und sie anzunehmen, ganz egal welches Label sie tragen. Entscheide dich endlich damit du in der Lage bist dich überall nach Menschen auszustrecken und sie zu segnen. Weigere dich kleinlich zu sein. Weigere dich kleinherzig zu sein. Entwickle eine Größe im Geist und gib den Menschen Zeit zu wachsen.

Manchmal sind wir furchtbare Geschäftsleute. Die, die im Verkauf arbeiten, lernen dass sie so leicht ein Produkt nicht verkaufen können, wie sie es verkaufen können. Manchmal ist der Verkauf innerhalb von fünf Minuten getätigt, und dann, innerhalb der nächsten fünf Minuten, fällt der Absatz. Verkäufer müssen lernen, wie sie Angebote machen, bevor sie kontraproduktiv werden. Möge der Herr uns lehren, wie wir mit den *„frommen Menschen"* umgehen sollen, sodass wir sie erfolgreich ins Königreich Gottes bringen.

Bitte Gott heute deine Art auf Menschen zu sehen zu ändern. Vielleicht hilft es dir dabei dich zu erinnern wie du warst, bevor Gott anfing an dir zu wirken. Ich kann mir nicht vorstellen, was passiert wäre, wenn jemand versucht hätte mich an dem Privileg zu hindern meinen geistlichen Hunger zu sättigen, weil ich einer falschen Gruppierung angehöre. Was für eine Tragödie wäre es gewesen, wenn ich manchen Segnungen beraubt worden wäre, weil ich die falschen Dinge gesagt habe oder weil ich nicht wusste wie ich meinen Gefühlen Ausdruck verleihen sollte. Hör auf die „frommen Menschen" irgendeiner Gruppe abzulehnen.

War die Vision von Petrus auf dem Dach in Joppe von Gott? Kornelius hatte auch einen Traum. War der von Gott? Er war noch nicht einmal wiedergeboren.

Der Traum war von Gott. Gott kann einen anderen Menschen genauso verändern wie er dich und mich verändert hat. Er nimmt die Begrenztheit unserer Herzen hinweg und beseitigt die Mauern, die wir in unserem Geist aufbauten, so dass wir die Größe dessen wonach er verlangt weltweit sehen können.

David DuPlessis war als Mister Pfingstler bekannt und wurde von Gott gebraucht um viele Denominationen zu segnen, er sagte, dass wenn der Fluss kommt, die von Menschen gebauten Ställe, die Schafe nicht länger davon abhalten können zusammenzukommen. Es gab viele Schafställe in die die Tiere verteilt waren, aber wenn das Wasser anfängt zu fließen wird es über die Zäune hinausgehen, die

Schafe erheben und sie werden zusammen fließen. Alle sind plötzlich zusammen in dem Fluss.
Gott fängt an dieses Werk im Geist zu tun. In seinem großen Fluss, ebnen sich alle Unebenheiten,
und alle Strömungen kommen zusammen und
vermischen sich.

Als ich 1958 das erste Mal nach Hong Kong
ging durchquerte das Schiff den Panama Kanal.
In dem Kanal musste das Schiff durch eine Reihe
von Schleusen. Wenn ein Schiff in eine Schleuse
kommt, steigt das Wasser an und es bringt das
Schiff höher auf ein neues Level. Das Schiff bewegt sich von einer Schleuse zur nächsten, bis es
auf einem vollständig anderen Level ist.

Im Panama Kanal fließt das Wasser aus dem
Osten mit dem Wasser aus dem Westen zusammen, das Wasser des Atlantischen Meeres fließt
mit dem Wasser des Pazifischen Meeres. So tut
das Gott auch. Er erhebt uns ein Schritt nach dem
anderen, bis wir Brüdern anderer Strömungen
die Hand geben können.

Es hat Jahre gedauert den Panama Kanal durch
den Isthmus zu graben und nun können Schiffe
ganz einfach und schnell hindurch. Lasst uns den
geistlichen Kanal vorbereiten, in denen Gottes
Gewässer zusammenfließen und die verschiedenen Teile seiner Familie zusammenkommen
können.

Debbie Kendrick meine gute Freundin hatte kürzlich eine Vision dieses Kanals. Sie sagte:

Der Herr sprach zu mir und sagte, „Ich verringere den Abstand zwischen Ost und West.". Ich sah zwei große Wassermassen – den Pazifik und den Atlantik – und ich wusste dass sie die Gemeinde waren. Der eine Leib repräsentierte die Kirchen des Ostens – die Orthodoxe Kirche, die Koptische Kirche, und die Römisch Katholische Kirche – und der andere Leib stellte die Protestanten dar. Ich sah, dass der Mann eine Brücke entworfen und konstruiert hatte um vom Atlantik zum Pazifik zu kommen, die das trockene Land, den Isthmus von Panama darstellte. Als es fertig war, konnten die zwei großen Leiber zusammenkommen und zusammenfließen.

Der Isthmus von Panama war wie eine Sackgasse, die beide Teile davon abhielt zueinander zu kommen, und als tausende Arbeiter die Gräben gruben konnte ich sehen wie das Wasser bereits bemüht war und sich anstrengte zueinander zu kommen.

Es gab auch andere Wasserkörper die das Land formten. Die unterschieden sich von den anderen, denn sie führten frisches Wasser. Als die zwei großen Wassermassen sich zueinander bewegten, kamen die kleinen Pools und Ströme

des Wassers in die großen Wassermassen. So-
dass es dann nicht länger kleine und große gab.
Sie waren alle eins. Das ist das, was Gott heute
auf der Erde tut. Er macht aus seinen Kindern,
einen großen Leib.

Ich liebte den Autoaufkleber „Sei geduldig. Gott
ist noch nicht fertig mit mir!". Lass dir diese Wahrheit bewusst werden, bevor du anfängst andere zu
richten. Lass dir von Gott die Art und Weise erneuern, wie du über die Menschen denkst mit denen du
arbeitest. Lass deine Gedanken über die Menschen
mit denen du gemeinsam anbetest und mit denen
du dich sonst regelmäßig triffst erneuern.

Gott hat uns dazu bestimmt eine herrliche Einheit
in ihm zu haben und diese herrliche Einheit wird
durch die *einheitsstiftende Herrlichkeit* kommen. Die
herrliche Einheit ist das Endprodukt, aber es ist
notwendig den Prozess dahin anzustreben durch
Gottes *einheitsstiftende Herrlichkeit*. Herrliche Einheit
kommt durch *einheitsstiftende Herrlichkeit*. Lass alle
Abgrenzungen durch den Fluss des Geistes Gottes
beiseite räumen und versuche nicht sie wieder her-
vorzurufen.

Als wir 1999 im Frühling in Macon, in Frankreich
waren, kamen Menschen von vielen verschiedenen
europäischen Ländern. Es war eine Freude sich in
der Versammlung umzusehen und die Vielfalt der

Kinder Gottes gegenwärtig zu sehen. Die Leute saßen so, dass wir nicht einfach unterscheiden konnten, welche die Franzosen, die Schweizer, die Italiener, die Österreicher oder welche Spanier waren. Die Delegationen trugen keine Erkennungszeichen. Sie waren alle vermischt. Es gab keine bestimmten Bereich die für eine Gruppe reserviert waren. Sie waren alle zusammen.

So war es auch mit den verschiedenen Denominationen in der jeweiligen Nationalität. Als alle anfingen den Herrn anzubeten, konnten wir nicht sagen, wer aus welcher Gemeinde kommt. Wie wunderbar haben wir in diesen Tagen den Fluss der Einheit des Geistes erlebt! Das ist ein Vorgeschmack dessen, was Gott überall auf der Welt tun will.

Als ich im Dezember 1999 mit Pastor Ron Russell in Mexiko, New York gedient habe, kam ein katholischer Priester mit seiner halben Gemeinde. Der ansässige Pastor der Methodisten war da. Von der Assembly of God waren zwei Pastorenfrauen da. Es waren Leiter der Church of God da. Und es waren auch viele andere Leute aus anderen Denominationen anwesend. Was für ein lieblicher Geist war in diesen Veranstaltungen gegenwärtig! Das ist es was Gott sehen will, und wenn er es sieht, segnet er es. Diese Erweckung bewegt sich immer mehr in Richtung *Einheitsstiftende Herrlichkeit*.

Das bedeutet nicht, dass wir alle gleich werden, oder dass wir alle Teil einer Gemeindeorganisation würden. Wir werden immer und als *„Einzelne ... Teil dieses Leibes"*[3] sein, aber wir sind auch dazu bestimmt *„ein Leib, ein Geist"*[4] zu sein. Gott hat uns dazu bestimmt voneinander abhängig zu sein und einander zu helfen.

Es ist manchmal schwierig, wenn nicht sogar unmöglich für Schüler und Erzieher in einem Kindergarten Gemeinsamkeiten zu finden, und sie langweilen sich dann miteinander. Einige, die sich in geistliche Höhen der Reife bewegt haben, sind ungeduldig mit Anderen, die in ihrer Entwicklung noch nicht soweit sind. Jesus liebt beide Gruppen.

Für uns ist es einfach mit Menschen zusammen zu sein, die in der Erkenntnis auf unserem Level sind, aber Gott ruft uns dazu auf andere zu lehren. Wenn wir uns zu sehr auf die verschiedenen Teile der Familie Gottes beziehen, müssen wir uns nach allen einheitsstiftenden Faktoren ausstrecken.

Einige Menschen wollen vielleicht nicht mit uns eins sein, aber das spielt keine Rolle. Wir können trotzdem eins sein mit ihnen. Manche mögen fragen „Geht das denn so?". Oh ja, es geht. Wir können mit anderen eins sein, auch wenn sie nicht eins sein wollen mit uns. Das mag wie ein Widerspruch klingen,

3 Vgl. 1. Korinther 12, 27.
4 Vgl. Epheser 4, 4.

ist es aber nicht. Geistlichkeit sorgt dafür, dass wir uns ausstrecken und alle annehmen die Gott liebt.

„Aber was ist mit ihrer Lehre?". Es geht nicht um Lehre. Es geht um die Familie. Eine Freundin von mir rief mich an und sagte, dass sie in ihrer Stadt eine wunderbare Gemeinde gefunden hat, die sie jetzt besucht. Sie war da sehr gesegnet. Als ich das nächste Mal mit ihr sprach erzählte sie mir, dass sie sich entschieden hatte diese Gemeinde nie wieder zu besuchen. Als ich sie fragte warum, sagte sie „Du hättest hören sollen, was der Pastor gepredigt hat." Diese Frau war stark im Wort Gottes und sie war verärgert, dass der Pastor Dinge sagte, mit denen sie nicht übereinstimmte.

Ich sagte „Gut, er ist noch nicht reif. Gib ihm Gelegenheit zu wachsen."

Darauf sagte sie mir, „Das kann ich nicht.".

„Warum nicht?", fragte ich sie. „Du hast mir erzählt, dass er Kraft hat und sein Dienst von Zeichen und Wundern begleitet ist. Sicher wird er auch in diesen anderen Bereichen wachsen."

Ich erzählte ihr von einigen anderen Menschen, mit ähnlichen Begrenzungen die ich kannte, die diese aber überwunden haben. Später rief sie wieder an um mir zusagen, dass sie wieder zurück in die Gemeinde geht. Sie sagte, „Er ist schon besser geworden.".

Gib den Menschen die Möglichkeit zu wachsen, und während sie wachsen strebe die Einheit im Geist an. Das übersteigt unsere Ideen, unsere Lehre, unsere Wege Dinge auszudrücken. Es ist eine Einheit die aus dem Herzen heraus geboren ist, aus dem Geist, aus der Herrlichkeit Gottes.

Herr,

Mach uns eins. Sende deine Ein-
heitsstiftende Herrlichkeit in unsere
Mitte und füge uns durch die Kraft
deines Heiligen Geistes zusammen.
Amen!

*Die Herrlichkeit, die du mir gege-
ben hast, habe ich nun auch ihnen
gegeben,* DAMIT SIE EINS SIND, *so wie
wir eins sind.*   Johannes 17, 22

*Danach sah ich eine riesige Men-
schenmenge* AUS ALLEN STÄMMEN
UND VÖLKERN, MENSCHEN ALLER
SPRACHEN UND KULTUREN; ´*es
waren so viele, dass`niemand sie
zählen konnte. In weiße Gewän-
der gehüllt, standen sie vor dem
Thron und vor dem Lamm, hielten
Palmzweige in den Händen und
riefen mit lauter Stimme: »Das
Heil kommt von unserem Gott, der
auf dem Thron sitzt, und von dem
Lamm!*
                    Offenbarung 7, 9 + 10

www.ingramcontent.com/pod-product-compliance
Lightning Source LLC
Chambersburg PA
CBHW031948080426
42735CB00007B/313